Dr. Rainer Reitzler
Unter Mitarbeit von Detlef Pohl
Wenn Eltern Pflege brauchen

Dr. Rainer Reitzler
Unter Mitarbeit von Detlef Pohl

Wenn Eltern Pflege brauchen

So begleiten Sie Ihre Mutter und Ihren Vater

Bibliografische Information der Deutschen Nationalbibliothek
Die Deutsche Nationalbibliothek verzeichnet diese Publikation
in der Deutschen Nationalbibliografie; detaillierte bibliografische Daten
sind im Internet über http://dnb.ddb.de abrufbar.

ISBN 978-3-86910-004-3

Der Autor: Dr. Rainer Reitzler ist Vorstandsvorsitzender einer Versicherung und beschäftigt
sich seit langem mit dem Thema Alter. Er gilt als ausgewiesener Kenner der Senioren-Szene.

Originalausgabe

© 2009 humboldt
Ein Imprint der Schlüterschen Verlagsgesellschaft mbH & Co. KG,
Hans-Böckler-Allee 7, 30173 Hannover
www.schluetersche.de
www.humboldt.de

Text: Dr. Rainer Reitzler, Detlef Pohl
Lektorat: Annerose Sieck, Neumünster
Covergestaltung: DSP Zeitgeist GmbH, Ettlingen
Innengestaltung: akuSatz Andrea Kunkel, Stuttgart
Titelfoto: Randy Faris/Corbis
Satz: PER Medien+Marketing GmbH, Braunschweig
Druck: Grafisches Centrum Cuno GmbH & Co. KG, Calbe

Hergestellt in Deutschland.
Gedruckt auf Papier aus nachhaltiger Forstwirtschaft.

Inhalt

Vorwort

Wie kaum ein anderes Thema wird ein möglicher Eintritt der Eltern in die Pflegebedürftigkeit verdrängt – und zwar massiv. Verständlich, denn niemand möchte sich gern damit auseinandersetzen, womöglich irgendwann einmal auf Pflege angewiesen zu sein. Nicht einmal die „Gefährdeten" selbst, die „älteren Alten", die es mit 80 Jahren aufwärts häufig betrifft, mögen sich mit dem Fall des Falles beschäftigen. Ganz zu schweigen deren Kinder. Solange alles gut läuft und die Eltern sich selbst versorgen können, wird dieses Thema nur in den allerseltensten Fällen angesprochen. Es ist ein Tabuthema. Die meisten Kinder verschließen die Augen davor, dass die Eltern plötzlich auf Hilfe angewiesen sein könnten, die meisten Eltern schweigen, weil sie ihre Kinder nicht belasten wollen.

Das alles geschieht vor dem Hintergrund, dass der klassische Familienverband immer seltener funktioniert und die Pflege längst nicht mehr abgesichert ist – weder körperlich noch psychisch und schon gar nicht finanziell. Die dramatischen Folgen machen sich noch am ehesten die „Kinder" bewusst, denen der Pflegefall von Mutter oder Vater als handfeste emotionale, soziale, berufliche und damit vor allem finanzielle Bedrohung erscheint. Private Vorsorge durch die „jungen Alten" erweist sich schon jetzt und mehr noch in Zukunft als einzig erfolgversprechendes Erben-Schutzprogramm, das zudem finanziellen Spielraum schafft, Pflege menschenwürdig zu organisieren. Ins Bewusstsein größerer Bevölkerungskreise ist das Problem, welche gewaltigen Umbrüche im Leben jedes einzelnen Angehörigen tatsächlich passieren, wenn Eltern in die Jahre kommen, jedoch noch längst nicht gedrungen. Dabei wäre es so wichtig, im Vorfeld Dinge zu besprechen, um im Fall des Falles im gegenseitigen Einvernehmen schnell handeln zu können.

Im vorliegenden Buch werden die Tatsachen schonungslos beim Namen genannt und Ansätze gezeigt, wie Familien der „Pflegefalle" entgehen können. Häufig trifft nämlich alle Beteiligten ein gewaltiger psychologischer Schock, auf den sie überhaupt nicht vorbereitet sind. Hier versucht sich das Buch auch in praktischer Lebenshilfe, damit Sie aus der Starre recht schnell herauskommen und vernünftige Bewältigungsstrategien finden. Es bleibt also nicht beim Aufzeigen schlimmer Fälle und häufig anzutreffender Ausweglosigkeit, sondern im Buch werden die Auswege für die ganz private Krise skizziert, mit dem plötzlichen Problem Pflegebedürftigkeit umzugehen.

Wenn wir gleichzeitig einen kleinen Beitrag dazu leisten können, unsere Gesellschaft im Umgang mit den Senioren und für menschenwürdige Pflege weiter zu entwickeln, wären wir sehr glücklich. Es geht den Autoren wie allen anderen Familien: Wir sorgen uns kurzfristig um das lebenswerte Alter unserer eigenen Eltern und Großeltern. Langfristig betreiben wir damit auch Prophylaxe in eigener Sache. In 30 Jahren werden auch wir heute 45- bis 55-Jährigen vermehrt nach bestmöglicher Hilfe und Unterstützung im Alltag suchen – und hoffentlich auf gute und bezahlbare Möglichkeiten stoßen, die heute erst in Ansätzen vorhanden sind. Wenn wir nämlich – jeder zu seiner Zeit – in die Jahre kommen, werden wir jede helfende Hand, die wir kriegen können, brauchen. Auch wenn es vielleicht zu vernünftig klingt: Den Grundstein für diese Hilfe kann nahezu jeder von uns selbst legen: durch intakte Familienverhältnisse und solide private Finanzplanung.

Rainer Reitzler, München im November 2008

Soziales, ökonomisches und geistiges Altern

Das Alter bringt meist Einschränkungen und Krankheiten mit sich. Auf dieser Seite des Lebens möchte keiner gerne ankommen, doch der Segen der Medizin und die steigende Lebenserwartung haben auch markante Schattenseiten: Längst nicht jeder erreicht gesund ein hohes Alter, obwohl es sich jeder sehnlich wünscht. Die Schatten werden künftig noch deutlich länger, denn unsere Gesellschaft altert kollektiv in einem bisher nicht gekannten Ausmaß.

||| Beispiel Hildegard D.

Der Kummer steht der 77-Jährigen ins Gesicht geschrieben. Der Frau selbst geht es entsprechend ihrem Alter eigentlich noch gut. Doch ihr Leben änderte sich vor vier Jahren schlagartig: Ihren Ehemann Kurt D., damals 74 Jahre alt, traf der Schlag. Seine linke Körperseite ist seitdem gelähmt; er muss im Rollstuhl sitzen. Seit diesem Tag ist auch kein einziges Wort mehr über seine Lippen gekommen. Lediglich mit Lauten, die für Außenstehende völlig unverständlich klingen, „spricht" er mit seiner Frau.

Das war eine Riesenumstellung, berichtet die zierliche Frau, wenn der eigene Mann, der immer stark war, nach mehr als 50 Jahren gemeinsamen Lebens plötzlich und völlig unerwartet so zusammenklappt. Zum Glück verstehe sie ihn heute auch ohne Sprache – sie liest den Ausdruck seiner Augen und achtet auf seine Mimik. Dabei haben beide noch Glück gehabt. Kurt D. kann sich zwar allein noch immer nicht auf den Beinen halten, ist aber geistig fit. Er beobachtet alles, was um ihn herum passiert, verfolgt jedes Gespräch und hilft mit dem rechten Bein mit, wenn seine Frau ihn ▶

auf die Toilette oder aus dem Bett hebt. Dennoch: Drei Jahre Pflege liegen jetzt hinter der Ehefrau. Es seien halt die schlechten Zeiten gekommen, meint Hildegard D. im Rückblick auf das Eheversprechen. Dabei merkt man ihr an, wie sehr der nur knapp 1,60 Meter großen Frau die Pflegearbeit zusetzt. Dennoch schiebt sie den Gedanken an ein Pflegeheim für ihren Mann weit von sich. Direkt nach dem Schlaganfall musste Kurt D. für vier Wochen in eine Klinik. Oft lag er stundenlang in seinen Ausscheidungen, nahm rapide ab und war deutlich sichtbar durcheinander. Für Hildegard D. war klar, dass ihr Mann unter solchen Umständen im wahrsten Sinne des Wortes eingehen würde. Als nachhaltiger Eindruck blieb bei ihr haften, dass Patienten wie Kurt D. vernachlässigt wurden, weil sie sich nicht wehren konnten. Das wollte sie sich und ihrem Lebensgefährten aus guten Zeiten nicht zumuten. Leider erholte er sich trotz aufopferungsvoller Pflege nicht so weit, dass an ein normales Leben zu denken wäre. Und da bleiben auch finanzielle Zukunftsängste, wenn sie die Pflege eines Tages nicht mehr bewältigen kann: Ein Heimaufenthalt würde jeden rund 3.000 Euro kosten, doch die Rente der beiden würde nicht mal für die Hälfte reichen. Eine Lösung ist weit und breit nicht in Sicht, nur die vage Hoffnung: „Vielleicht wachen wir ja eines Tages einfach zusammen nicht mehr auf."

Im Land der Senioren

Neugeborene Jungen werden hierzulande 76,9 Jahre alt, berichtete das Statistische Bundesamt im Spätsommer 2008. Mädchen dürften es noch auf knapp fünf Jahre mehr bringen und im Schnitt 82,25 Jahre alt werden. Der Ausblick ist zunächst erfreulich, die Angst vorm frühen Tod im Durchschnitt der Bevölkerung also unbegründet. Doch wenn schon jetzt jeder zweite

Mann älter als 79 und jede zweite Frau 85 Jahre alt wird, so heißt das nicht. dass viele „alte Alte" gesundheitlich auf Rosen gebettet sind. Die meisten Familien sind nämlich auf den Ernstfall Krankheit und Pflegebedürftigkeit überhaupt nicht vorbereitet.

Das Altern hat sich in den letzten zwei Generationen dramatisch verändert. Während unsere Urgroßeltern meist noch in festgefügten Verbänden von Großfamilien ihren Lebensabend verbrachten, ihre Enkel und mit etwas Glück auch Urenkel auf die Welt kommen sahen und mit Mitte 70 starben, hat sich schon bei den Großeltern der heute 45- bis 55-Jährigen manches gewandelt: Sie haben nicht nur das Wirtschaftswunder vollbracht, sondern profitierten als erste Generation von einem medizinischen Fortschritt. Die 30er-Jahre-Babys des 20. Jahrhunderts gehören wohl zur letzten Generation, die bis ins hohe Alter hinein von den Segnungen einer guten sozialen Absicherung profitiert, geordnete Verhältnisse zu hinterlassen versucht und erhebliche Opfer und Unterstützung für die nächsten Angehörigen auf sich genommen hat. Inzwischen läuft diese Generation Gefahr, durch ihr tendenziell höchstes Alter, das je in der Menschheitsgeschichte erreicht wurde, massenhaft im hohen Alter auf fremde Hilfe angewiesen zu sein. Es fehlt jedoch an Nachkommen, die wir, die Generation der Geburtsjahrgänge um 1960 und später, hätten zeugen müssen. So wundert es nicht, dass die Republik zu einem Land der Senioren heranwächst.

Senioren in Deutschland auf dem Vormarsch

Jahr	Anteil der Altersgruppen an der Bevölkerung (in %)		
	unter 20 Jahren	20 bis 65	ab 65 Jahre
1950	30,5	60,07	9,43
1991	21,54	63,47	14,99
2005	20,0	60,75	19,25
2020	16,91	60,22	22,87
2030	16,63	55,47	27,89
2050	15,42	52,83	31,75

Quelle: map-fax; Stand: April 2008

Es ist ja an sich nicht schlecht, wenn bei uns in einigen Jahren jeder Dritte über 65 Jahre alt ist. Ein Land mit so viel Lebenserfahrung müsste es doch eigentlich zu einer späten Blüte bringen können. Doch dazu sind vor allem zwei Dinge nötig: Die Gesellschaft muss sich auf ihre Reproduktionskraft besinnen und der Jugend eine Perspektive geben, die das Leben mit Kindern attraktiv macht. Zweitens ist aber auch eine inzwischen fast fehlende Solidarisierung der Gesellschaft mit ihren Alten nötig – statt das Altern weiterhin mit einem Tabu zu belegen. Von beidem sind wir aber weit entfernt.

Was das Altern betrifft, könnte es gar noch schlimmer kommen. Frank Schirrmacher, Herausgeber der „Frankfurter Allgemeinen Zeitung", spricht in seinem Buch „Das Methusalem-Komplott" von einem „Krieg der Generationen". Dieser Krieg sei der älteste aller Kriege, weil er biologisch programmiert ist. Zugleich sei er sehr modern, weil er nur psychologisch geführt werde: als Krieg der Worte und Demütigungen. Beinahe nur mit den Mitteln der Sprache und der Bilder würde die Identität der Alten langsam zerstört. Die Jungen töten die Alten, „indem sie dem Alternden das Vertrauen in seine Schönheit, seine fünf Sinne und vor allem seinen Verstand raubt", schreibt Schirrmacher. Das mag hart klingen, aber die Beobachtung gesellschaftlicher Abläufe gibt ihm Recht. Ob man es nun in solche Kategorien wie soziales, ökonomisches und geistiges Altern fasst oder die Fakten anders beim Namen nennt, es bleibt festzuhalten: Der alternde Mensch ist schon seit Jahrtausenden dem mitleidigen oder offenen Unverständnis der Jungen ausgesetzt, das nicht selten in Ablehnung oder gar Altersrassismus gipfelt.

Biologisches und soziales Altern

Keine Frage: Etwa mit dem 40. Lebensjahr beginnt das biologische Altern. Doch in dieser Zeit datieren auch die Anfänge des Altersrassismus: Große Teile der Gesellschaft stellen offen und versteckt die bisherige Lebensstellung und damit das Selbstbewusstsein von Menschen in Frage, die im wahrsten Sinne des Wortes in die besten Jahre kommen. Ihnen wird vor allem unterstellt, im Beruf nicht mehr die nötigen intellektuellen oder körperlichen Leistungen zu bringen. Vorwürfe wie krank, verbraucht, schwach, vergesslich und langweilig zählen noch zu den harmlosen Eigenschaften, die Männern und Frauen ab 50 zugeschrieben werden und damit das soziale Altern manifestieren. Mitunter ist eine regelrechte Dämonisierung des Alters festzustellen, die mit ihrer wahren Fitness und dem oft guten Gesundheitszustand gar nichts gemein haben. Es könnte allerdings sein, dass diese Inkompetenz-Unterstellungen und Diskriminierungen der Jüngeren zu einem Bumerang werden: Denn die Älteren werden immer mehr und bleiben immer länger auf der Welt, während die Jüngeren immer weniger werden und ihre nachlassende Kaufkraft immer weniger Jugendkult ermöglicht. Am Ende steht womöglich eine Übermacht der mittleren und älteren Alten. Dies könnte bereits in gut zehn Jahren der Fall sein.

Ökonomisches Altern

Eng mit dem sozialen Altern verknüpft ist das ökonomische Altern. Wo die Fähigkeit zur Arterhaltung durch Vermehrung nicht mehr gegeben ist, wird im Tierreich die Sinnfrage zur Fortsetzung des Lebens gestellt. Auch unsere moderne Gesellschaft stellt auf subtile Weise eben jene Frage. Schließlich werden ab einem bestimmten Zeitpunkt nur noch Ressourcen verbraucht – in Form von Rente sowie hohen Gesundheits- und Pflegekosten im Alter. Die Ressourcen sind jedoch von Generation zu Generation mehr begrenzt, zumal es an Nachwuchs fehlt. Ohne dass jemand es wagen würde, ein vertretbares Höchstalter zu nennen – das wäre natürlich politisch nicht korrekt – liegt das Altern nicht mehr im Interesse der Gesellschaft. Damit ist es auch eine verlängerte Lebenserwartung nicht, die ökonomisch im Extremfall sogar als Verschwendung bezeichnet wird. Begründung: Je stärker die Gesellschaft das Gefühl hat, dass der Alte für den Erwerb von Lebenszeit nicht genug zahlt, desto stärker wird der Druck. „Das mündet dann in die unvermeidliche Frage, wer für die letzte und teuerste Zeitspanne des Lebens eigentlich zahlen soll", schreibt Schirrmacher. Da aber immer weniger Nachwuchs kommt, werden die nachrückenden

Jungen früher oder später feststellen müssen, dass die unproduktiven Alten alles verbrauchen und ihren eigenen Kindern nicht einmal genügend bleibt, um sich zu vermehren.

Geistiges Altern

Bleibt das geistige Altern: Der reifer werdende Mensch wird in eine Schublade gesteckt, denn die Gesellschaft akzeptiert nur ein grobes Raster – Jugend, Beruf und Alter. Fließende Übergänge sind zunächst offenbar nicht vorgesehen. Langsam dämmert aber selbst Marketingstrategen, dass Altern ein Politikum wird, das den Jugendkult hinwegzuspülen droht. Und die Not der ewigen Jugendlichen macht plötzlich Differenzierungen möglich, auch bei der Beschreibung des Alters selbst. So gibt es inzwischen eine Einteilung nach verschiedenen Altern.

Lebensphase	Neuere Bezeichnung
40 bis 50	junge Alte
50 bis 60	mittlere Alte
60 bis 75	neue Alte
75 bis 90	Alte
über 90	sehr Alte, Hochbetagte

Mit dem wahren Leben hat das ohnehin wenig zu tun. Es gibt erstens keine wissenschaftliche Definition von Alter. Landläufig wird es mit dem Ausscheiden aus dem Berufsleben gleichgesetzt. Obwohl dies eine starke Zäsur ist, bleiben doch viele qualitative und individuelle Kriterien unberücksichtigt. So weicht das Altersbild der 40- bis 85-Jährigen gravierend von ihrem tatsächlichen biologischen Alter ab – sie fühlen sich im Mittel zehn Jahre jünger. Zweitens kommt es stets auf die Wahrnehmung an: Während junge Leute Mitmenschen ab 50 bereits als alt bezeichnen, sieht fast jeder zweite ab 75 das Alter erst mit 70 gekommen. Eine repräsentative Untersuchung ergab: Als „alt"

„Alt ist man erst, wenn man zum Pflegefall wird ...“
Altsein hängt vom Wohlbefinden und nicht von den Lebensjahren ab

Von je 100 Befragten sagen: „Alt ist man ...“

wenn man zum Pflegefall wird	49
wenn man starr und unflexibel wird	38
wenn man sich nutzlos fühlt	33
wenn man vergesslich wird	27
wenn man nicht mehr Autofahren kann	16
wenn man in Rente geht	11
wenn man Großvater/-mutter wird	7
wenn man Witwe/ Witwer wird	5
wenn die Kinder ausziehen	4
wenn die eigenen Eltern sterben	4

Quelle: Deutscher Ring Generationenstudie 2007/BAT Stiftung für Zukunftsfragen

gilt man in Deutschland im Durchschnitt mit 71,6 Jahren. Letztlich erlebt der alternde Mensch in seinem Körper und Geist das, was er auch in der Gesellschaft erlebt: Seine „Reparaturen" kosten zu viel und er wird allmählich immer tiefer in einen biologischen Schuldensumpf hineingezogen. Böse Zungen sprechen gar von einem Fehlinvestment der Natur, weil der Alte ein Lebewesen ist, das nicht mehr vererbt. In unserer Zivilgesellschaft, wo der Ruhestand längst anerkanntes Bürgerecht ist, kann der Alte allenfalls finanziell kontern, wenn er im Leben viel Glück hatte – er kann Wohlstand vererben.

Wozu dieser Exkurs in die gesellschaftliche Dimension des Alterns? Ganz einfach: Das Altern vollzieht sich im Alltag zumeist schleichend und unmerklich. Wer auf die gesellschaftliche Dimension nicht vorbereitet ist, wird im Ernstfall noch heftiger aus der Bahn geworfen, wenn er vergeblich auf eine akzeptable Antwort auf eine so naheliegende Frage hofft wie: Wohin mit Mutter oder Vater, wenn sie mal nicht mehr allein für sich sorgen können? Meist kommt der Tag X gar nicht so unerwartet, wie es sich die am meisten betroffene Generation, die heute 45- bis 55-Jährigen, einredet. Viele der 45- bis 55-Jährigen können sich zudem gar nicht vorstellen, dass die eigenen Eltern irgendwann einmal so hilfsbedürftig werden, sodass sich die Rollen vertauschen. Wer 30, 40 oder 50 Jahre das Kind war, möchte es auch irgendwie bleiben, egal wie selbstständig er lebt. Wer ehrlich zu sich selbst ist, wird eingestehen, dass es immer kleine Anzeichen für Verfall gibt. Sie werden nur ignoriert bzw. nach kurzzeitiger Beschäftigung mit unausweichlichen Situationen wieder verdrängt.

||| **Beispiel Wolfgang P.**

So ging es auch Wolfgang P., als seine über 80-jährige Mutter starb. Sie hatte fünf Jahre den schwer pflegebedürftigen Vater zu Hause versorgt. Dann machte ihr Herz angesichts der Strapazen schlapp. Von heute auf morgen musste eine andere Lösung her. Erst in dieser verzweifelten Situation erinnerte sich der beruflich stark eingespannte Fünfziger, dass er den schleichenden Verfall bei seinem Vater wohl bemerkt hatte. Doch als seine Vorschläge zum Umbau des Elternhauses nicht auf fruchtbaren Boden fielen und auch die Anschaffung eines modernen Rollstuhls immer wieder abgelehnt wurde, ging der Sohn zur Tagesordnung über. Der Vater wolle sich eben nicht helfen lassen, also würden die Eltern es irgendwie schon anders richten. Dieser Selbstbetrug dauert häufig mehrere Jahre. Die radikale Verdrängung rächte sich bei Wolfgang P. schlagartig, als die Mutter starb. Der Sohn hat in der ganzen Zeit keinen Weg gefunden, dieses zerbrechliche System der elterlichen Hilfe untereinander nach dem Tod der Mutter auf neue Beine zu stellen. Er sah den drohenden Zusammenbruch lange Jahre kommen und rutschte hilflos in die Katastrophe.

Auf das Alter vorbereiten

Was ist im Leben wirklich wichtig? In erster Linie die eigene Gesundheit (98 %), Freundschaften (91 %) und Familie/Kinder (87 %) – nachgeordnet folgen Freizeit (79 %), Kultur und Bildung (72 %). Dies ergab die umfangreiche Generationenstudie „Altersträume", die 2007 von der BAT Stiftung für Zukunftsfragen vorgelegt wurde. Senioren wollen danach vor allem frei von Sorgen sein, das ist für sie das höchste Glück. Und dafür tun sie selbst einiges – Gesundheits-, materielle, soziale und mentale Vorsorge. Das unterstreicht, dass man sich bewusst auf die Zeit des Alters vorbereiten kann. Beispiel Gesundheitsvorsorge: Die eigene Gesundheit zu erhalten und zu fördern, ist die Voraussetzung für ein selbstbestimmtes und erfülltes Leben. Wer gesund ist, kommt leichter mit anderen in Kontakt und kann aktiv an der Gemeinschaft teilhaben. 40 Prozent der Befragten sind demnach bereit, mehr für die eigene Gesundheit zu tun.

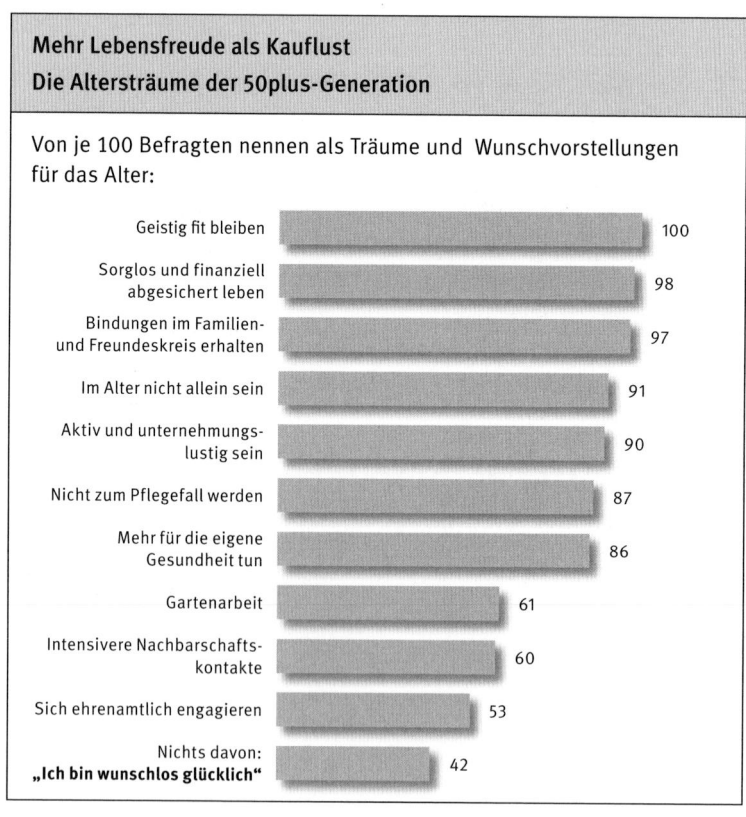

Mehr Lebensfreude als Kauflust
Die Altersträume der 50plus-Generation

Von je 100 Befragten nennen als Träume und Wunschvorstellungen für das Alter:

Geistig fit bleiben	100
Sorglos und finanziell abgesichert leben	98
Bindungen im Familien- und Freundeskreis erhalten	97
Im Alter nicht allein sein	91
Aktiv und unternehmungslustig sein	90
Nicht zum Pflegefall werden	87
Mehr für die eigene Gesundheit tun	86
Gartenarbeit	61
Intensivere Nachbarschaftskontakte	60
Sich ehrenamtlich engagieren	53
Nichts davon: „Ich bin wunschlos glücklich"	42

Quelle: Deutscher Ring Generationenstudie 2007/BAT Stiftung für Zukunftsfragen

Die wichtigsten Wünsche der so genannten Best Ager (50- bis 69-Jährige) – das brachte die Generationenstudie zutage – an die Zukunft lauten: geistig fit bleiben (100 %), sorglos und finanziell abgesichert sein (97 %) und dauerhafte Bindungen im Familien- und Freundeskreis erhalten (93 %). Die Kriegs- und Nachkriegsgeneration möchte eine Generation der Lebensfreude sein. Mit dem Lebensalter nimmt dieser Wunsch deutlich zu. Die Träume vom guten Leben gleichen Wünschen mit Bodenhaftung. Mit den Jahren runzelt die Haut, mit dem Verzicht auf Träume aber runzelt die Seele. „Niemand wird alt, weil er eine Anzahl Jahre hinter sich gebracht hat. Man wird nur alt, wenn

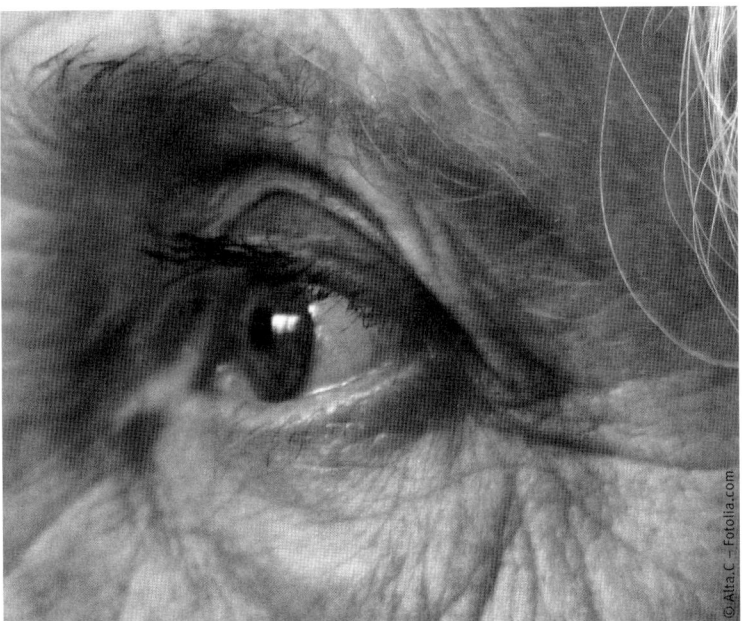

Mit den Jahren runzelt die Haut, mit dem Verzicht auf Träume aber runzelt die Seele.

man seinen Träumen Lebewohl sagt", sagt Zukunftsforscher Horst Opaschowski, Gründer der BAT Stiftung für Zukunftsfragen. Allerdings zeigt die Untersuchung auch, dass manche Träume und Wunschvorstellungen nicht erfüllbar sind. So definiert rund die Hälfte der Deutschen das Alter mit dem Zeitpunkt, wenn man zum Pflegefall wird. Zugleich wünschen sich 87 Prozent der Deutschen, niemals alt zu werden, also nicht zum Pflegefall zu werden. Dies wird allerdings angesichts steigender Lebenserwartung für immer mehr Menschen ein frommer Wunsch bleiben.

Auf den Pflegefall ist die Mehrheit der Älteren bislang so gut wie nicht vorbereitet. Für die Kinder, die inzwischen selbst ins Alter der Best Ager hineinwachsen, ist das besonders schlimm, denn sie haben nicht nur die Verantwortung für sich und ihre Kinder, sondern bekommen plötzlich auch noch die Bürde aufgelastet, sich um die Eltern zu kümmern. Die Rollen kehren sich um – für viele Betroffene der Kindergeneration ein emotionales Desaster. Plötzlich sind sie diejenigen, die für die Eltern sorgen müssen. Für systematische Vorsorge ist es im Pflegefall aber zu spät. Die psychologische Belastung – wohin mit dem Elternteil? – geht oft auch mit der finanziellen Katastrophe einher – wer soll das bezahlen, wenn Sie im Job kürzer treten müssen, um die Pflege zu organisieren oder einen Heimplatz zu finanzieren? Seine Not schildert Gerhard Z., ein Endvierziger, eindringlich.

||| **Beispiel Gerhard Z.**

„Mein Vater war das, was man ein Kraftpaket nennt. Er hat als Berufskraftfahrer sein Leben lang schwer gearbeitet und ist immer seinen Weg gegangen, oft genug mit dem Kopf durch die Wand. Ein typischer Malocher eben. Ich habe mich als Sohn – ich bin ein Einzelkind – relativ früh so mit meinem Vater arrangiert, dass wir eigentlich gut miteinander ausgekommen sind. Oder besser gesagt: Wir haben einander in Ruhe gelassen. Nach dem Tod meiner Mutter, da war er 68, fand er schnell noch einmal eine neue Lebensgefährtin und alles lief prima. Man ist ja immer froh, wenn es im eigenen Leben Bereiche ohne größere Baustelle gibt. So war das also mit meinem Vater und mir – bis zu seinem 80. Lebensjahr. Nun sollte eine bevorstehende Bypass-Operation zur größten Baustelle in unserem Leben werden: Plötzlich musste Vater ins Krankenhaus, plötzlich hatte ich mit ihm zu tun, sprich: Ich musste mich zeitlich für ihn engagieren und inhaltlich mit ihm auseinandersetzen. Erschwerend kam hinzu, dass fast zeitgleich seine Lebensgefährtin an Demenz erkrankte, was ihn psychisch zusätzlich belastete. Prompt gelang die Operation nicht wie erwartet: Die Wunden heilten nicht richtig ab, es blieben starke Schmerzen. Innerhalb weniger Wochen wurde aus dem einst stattlichen Mannsbild jemand, der auch geistig mehr und mehr verfiel. Das mit ansehen zu müssen, tat sehr weh.

Mindestens jeden zweiten Tag war ich nun für meinen Vater unterwegs, im Schnitt zwei bis vier Stunden. Das Krankenhaus, in dem er operiert worden war, liegt zum Glück nur eine halbe Autostunde von meiner Wohnung entfernt. Ein weiterer glücklicher Umstand: Ich bin Freiberufler, musste also nicht auch noch Urlaub nehmen oder irgendwen fragen, wann und ob ich zu meinem Vater kann. Der Nachteil: Die Arbeit musste trotzdem gemacht werden, das ging zu Lasten der Familie und der Freizeit, die nun über mehrere Monate überhaupt nicht mehr stattfand. Und wenn man mal knapp 50 ist, merkt man genau an solchen Stellen, wie begrenzt

▶

auch die eigene Kraft ist. Die Situation eskalierte: Vater wurde nicht mehr richtig gesund, magerte zusehends ab, war nicht in der Lage, für sich allein zu sorgen. Die Folge: eine Odyssee von Krankenhaus zu Krankenhaus. Schließlich kam er auf Kur in ein 100 Kilometer entferntes Sanatorium – aber das war ja wieder nur eine vorübergehende Lösung. Während dieser sechs Wochen fand ich zum Glück mit seinem Einvernehmen einen Platz im Seniorenheim. Wenn ich „Einvernehmen" sage, bedeutet dies nicht, dass es zwischen uns ohne Konflikte ablief. Denn plötzlich war Vater ja auf mich angewiesen. Normalerweise sind Eltern für ihre Kinder da. Beide waren wir nicht darauf vorbereitet, dass sich die Rollen im Alter nun umkehren. Jedenfalls akzeptierte Vater oft nicht, dass ich die Dinge so in Angriff nahm, wie es meine Art ist. Ich wiederum wollte mir nicht vorschreiben lassen, dass ich einem Arzt keine E-Mail schreiben sollte, sondern einen Brief per Post. In solchen Momenten wurde mir klar, wie hilflos einen das Alter machen kann und dass auch ich vermutlich über kurz oder lang dieser Wahrheit ins Auge sehen muss: anderen Menschen ausgeliefert zu sein, und seien es die eigenen Kinder.

Der Umzug ins Altersheim war körperlich und seelisch anstrengend, aber letztlich doch unproblematisch. Vater und ich nahmen uns vor, seinen Hausstand miteinander aufzulösen. Hierfür stand uns scheinbar genug Zeit zur Verfügung, da er seinen Mietvertrag nicht vorzeitig auflösen konnte. Letztlich musste ich diese Aufgabe dann aber doch allein übernehmen. Denn keine vier Wochen, nachdem er im Altersheim eingezogen war, starb er an einem Herzschlag. Morgens beim Frühstück und ganz friedlich, wie mir die erzählten, die dabei gewesen waren. Noch am Abend zuvor hatten wir miteinander telefoniert ...

Kinder sind nicht die beste Altersvorsorge

Kinder sind die beste Alters- und Pflegevorsorge, heißt es. Das empfindet die Generation der Nachwachsenden jedoch meist völlig anders. Und objektiv betrachtet stimmt es auch nicht. Denn: Das Spannungsfeld zwischen Liebe und Arbeit wird durch die Einbeziehung der Alten noch komplizierter. Klar ist in jungen Jahren: Liebe begünstigt Geburten und damit Nachwuchs, Arbeit aber vereitelt sie. „Arbeit bringt Geld, Liebe kostet Geld", sagt FAZ-Herausgeber Frank Schirrmacher in seinem Buch „Minimum", in dem er das Vergehen und Neuentstehen unserer Gesellschaft beschreibt. Arbeit produziert Waren und Eigentum, Liebe produziert Kinder und Verluste. Und genau an diesem Punkt in der Lebensmitte, wenn die eigenen Kinder womöglich noch studieren, wird die Generation der 45- bis 55-Jährigen nun mit der Organisation und Bezahlung des Pflegefalls eines Elternteils konfrontiert. Da fühlt sich das „reife Kind" im Regelfall völlig überfordert, weil es gleichzeitig für jung und alt sorgen soll, aber darüber hinaus zur Aufrechterhaltung des Alltags fit im Job bleiben muss. Die Beschränkung auf das Wesentliche könnte da immer öfter bedeuten, die Pflege der Eltern in fremde Hände zu geben. Doch davor scheuen sich die meisten, weil sie sich verpflichtet fühlen, ihren Eltern das zurückzugeben, was diese an Opfern erbracht haben. Egoismus möchte sich niemand gern vorwerfen lassen.

Damit kommt eine Entwicklung in Gang, welche die heutigen Best Ager in rund 20 Jahren vehement am eigenen Leibe zu spüren bekommen: Weil immer weniger Nachwuchs da ist, werden die fehlenden eigenen Kinder diese Überforderung gar nicht mehr kennenlernen, weil sie schlicht nicht auf der Welt sind. Somit sind die heutigen 50er spätestens als reife 70er überwiegend auf sich selbst gestellt und werden ohne fremde Hilfe gar nicht mehr auskommen können. Ursachen für das Verschwinden der Kinder haben Evolutionspsychologen längst ausgemacht, obwohl laut Schirrmacher ja eigentlich die Weitergabe des Erbgutes im Interesse jedes Lebewesens liegt:

- In einer Gesellschaft, in der starker Konkurrenzdruck herrscht, ist es von Vorteil, nur wenig Nachwuchs aufzuziehen.
- Der Rückgang der Geburtenrate ist nicht die Konsequenz eines genetischen Erbes, sondern eines kulturellen Erbes.
- Das Verschwinden der Kinder ist das Nebenprodukt einer rasanten Veränderung der Gesellschafts- und Umweltbedingungen, auf die sich der Einzelne nicht mehr so wie in früheren Generationen einstellen kann, als solche Prozesse noch langsamer abliefen.

Die Not der 50-jährigen „Kinder"

Kommt es zur Pflegebedürftigkeit eines Elternteils, fühlt sich das „reife Kind" meist völlig überfordert. Sohn und Tochter geraten in den Teufelskreis, gleichzeitig in Beruf, in der eigenen Familie und nun auch noch im elterlichen Pflegefall optimal funktionieren zu müssen. Schnelle und erfolgreiche Auswege gibt es nur selten. Vielmehr gerät oft das gesamte bisherige Lebenswerk ins Wanken. Hinzu kommt die große emotionale Belastung. Wer möchte nicht das Beste für seine Eltern? Aber ist das auch zu leisten?

Der Ruf nach Hilfe von außen verhallt ungehört. Niemand fühlt sich in der ersten Zeit zuständig. Wehe dem, der dann über keinen guten Hausarzt verfügt, der diesen Namen auch verdient, also regelmäßig zu Hause nach dem Patienten schaut, der zwar dringend der Pflege bedarf, aber offiziell noch längst nicht als Pflegefall anerkannt ist und somit keine Leistungen erhält.

Wenn die Kraft nicht reicht, müssen auch die Jüngeren Abstriche machen. Gut zwei Drittel der Bevölkerung ist zwar bereit, ältere Familienangehörige selbst zu pflegen, ergab eine Forsa-Umfrage 2007, in der 1000 Personen im Alter von 25 bis 65 Jahren befragt wurden. Nahezu jeder zweite hat auch schon praktische Erfahrungen bei der Pflege mit Angehörigen. Die große Bereitschaft scheint jedoch an den Hürden des Alltags zu scheitern: 56 Prozent geben an, dass der hohe Zeitaufwand oder die eigene Vollzeitbeschäftigung die häusliche Pflege für sie unmöglich machen. Etwa 20 Prozent betreuen eigene Kinder oder Enkelkinder und könnten nicht zusätzlich die Pflege der älteren Generation übernehmen. Die Mehrheit ist der Meinung, dass ausgebildete Fachkräfte ihre Angehörigen bei Bedarf besser pflegen können als sie selbst und würde denen deshalb die Betreuung überlassen. Der Gedanke ist nur folgerichtig: Die Bevölkerung verlässt sich immer weniger auf soziale Organisationsformen in Gestalt von Familie, Freunden, Nachbarn und anderen Gemeinschaften, sondern bedient sich des Marktes nicht nur für Nahrung und Wohnung, sondern auch für Sicherheit, Gesundheit und Betreuung der Alten, Kranken und Behinderten. Die jetzt 50-Jährigen stoßen jedoch zumeist sehr schnell an die Grenzen dieses neuen Marktes, der noch kein entwickelter Markt ist – und damit auch noch extrem teuer.

||| Beispiel Dirk F.

In diese Falle tappte auch Dirk F. Der beruflich engagierte Akademiker bekam eines Tages den Anruf, dass seine Mutter zusammengebrochen sei. Sofort stieg er ins Flugzeug. Als er ankam, war die Mutter bereits tot. Herzinfarkt mit über 80. Zurück blieb der Vater, 85 und seit mehreren Jahren ein körperlicher Pflegefall, dabei geistig noch völlig klar. Seine Frau hatte sich aufgeopfert, bis das Herz den Dienst abrupt versagte. Weder Dirk F. noch seine Schwester hatten eine Antwort auf die drängende Frage, wohin mit dem hilfebedürftigen Vater. In den Jahren zuvor hatte der Sohn nicht eindringlich auf fremde Hilfe bestanden, sondern sich damit zufriedengegeben, dass die Eltern sich ja nicht helfen lassen wollten. Er wählte den bequemen Weg und überließ der Mutter die Schwerstarbeit. Es ging ja auch gut bis jetzt, aber nun? Es begann eine planlose Odyssee durch Instanzen und Heime, Seniorenresidenzen und Kurzzeit-Pflegeeinrichtungen. Das Ergebnis war niederschmetternd. Entweder hoffnungslos teuer oder ungeeignet, weil unwürdig. Also übernahm die Schwester vorübergehend die Pflege und zog ins Elternhaus. Ihre eigene Familie hatte dafür Verständnis. Das ging aber nicht lange gut. Schließlich hatten die Geschwister Glück und fanden eine Pflegerin aus Tschechien. Die zog beim Vater ein und betreute ihn für 1.200 Euro rund um die Uhr. Der Vater wehrte sich zunächst mit Händen und Füßen, doch die Alternative, dass er ansonsten sein geliebtes Haus verlassen müsse, führte schließlich zum Einlenken. Inzwischen ist er regelrecht aufgeblüht, weil die lebenslustige Art der gelernten Krankenschwester ansteckend wirkt. Dirk F. hat mächtig Glück mit ihr und somit erst einmal Zeit gewonnen. Wie viel Zeit, steht noch nicht fest, denn diese Form der Pflegehilfe ist illegal. Jederzeit kann die Ausweisung aus Deutschland erfolgen, denn erlaubt ist nur, eine ausländische Haushaltshilfe einzustellen, nicht aber eine Pflegerin.

Warum Senioren spezielle Vorsorge brauchen

Ganz einfach: Damit die Älteren ruhiger schlafen und die Jüngeren ebenfalls keine Angst vor dem Alter der Eltern haben müssen. Natürlich wird auch dann bei jedem neuen Pflegefall eine Menge Organisationstalent, Hilfsbereitschaft und Gemeinsinn nötig sein, der das bisherige Leben zumindest kurzzeitig auf den Kopf stellt. Mit der nötigen Vorsorge, vor allem finanziell, lässt sich alles Weitere aber leichter regeln. Das sage ich als Autor dieses Buches nicht, weil ich inzwischen an der Spitze eines Vorsorgeunternehmens stehe, sondern aus tiefster Überzeugung. Ich will mir nicht eines Tages die bange Frage stellen müssen, wohin denn nun mit meinem Vater?! Geld ist zwar nicht alles im Leben, aber ohne Geld ist fast alles nichts. Wer in die Pflegefalle geraten ist, kann ein Lied davon singen.

Kommt es zum Super-GAU, zeigt sich schnell: Es klafft eine große Lücke zwischen den tatsächlichen Pflegekosten und den staatlichen Leistungen aus der gesetzlichen Pflegeversicherung. Obwohl 40 Prozent der Bürger eine private Zusatzversicherung für notwendig halten, haben erst rund 850 000 Menschen zusätzlich privat vorgesorgt (rund 1 %), ergab eine Untersuchung des F.A.Z.-Instituts unter dem Titel „Kundenkompass Pflege". Während die älteren Bürger dabei auf Sparen bzw. Immobilienerwerb setzen, favorisieren die Jugend und die 30- bis 44-Jährigen die private Pflege-Zusatzversicherung. Insgesamt jeder Zehnte konnte jedoch keine Angabe machen, ob und wie er finanzielle Vorsorge für den Pflegefall plane – darunter 20 Prozent der Haushalte mit weniger als 1.000 Euro Nettoeinkommen im Monat. Bei geringem Monatseinkommen fällt es naturgemäß schwer, eine zusätzliche Versicherung zu bedienen. Wer jedoch mehr Geld zur Verfügung hat, sollte die Augen nicht verschließen und für den Fall des Falles vorsorgen.

Statt auf Kapital wird immer noch auf menschliche Tatkraft innerhalb der Familie gesetzt – eine Rechnung mit vielen Unbekannten. Immerhin hat die Nachfrage nach vollstationärer Dauerversorgung innerhalb der geringsten Pflegestufe I seit 1999 schon um mehr als 20 Prozent zugenommen. Der Trend geht also zur professionellen Pflege. Und die kostet nicht selten bis zu 5.000 Euro im Monat. Trotzdem setzt sich die Eigenvorsorge mit einer privaten Zusatzversicherung nur langsam durch. Obwohl vier von zehn Befragten eine private Pflegeversicherung durchaus als sinnvoll einschätzen und die Nachfrage zunimmt, liegt der Anteil der Bürger mit privatem Pflegeschutz im Vergleich zu Zusatzschutz gegen Krankheit noch auf niedrigerem Niveau. Und das, obwohl Pflegebedürftigkeit eine „Krankheit" ist, von der man sich zumeist nie wieder erholt.

Konsequenzen der Pflegebedürftigkeit

Niemandem schadet es, egal wie alt er ist, sich mit den Fakten zum Lebensrisiko Pflegefall vertraut zu machen. Nur so lässt sich eine informierte Entscheidung treffen, um die Weichen Richtung Alter richtig zu stellen. Bis zum 60. Lebensjahr liegt das Risiko, zum Pflegefall zu werden, nur bei rund einem Prozent. Auch bis zum 70. Geburtstag hält sich die Gefahr mit 2,5 Prozent noch in Grenzen. Ab 75 schnellt das Risiko jedoch steil nach oben. Und ab 85 ist dann jeder Dritte in akuter Gefahr, zum Pflegefall zu werden.

Pflegerisiko im Spiegel des Lebensalters

Alter	Pflegerisiko in % der Versicherten	in % für Rest-Lebenserwartung	
		Mann	Frau
25 bis unter 30	0,49	22,9	41,7
45 bis unter 50	0,7	20,8	39,6
50 bis unter 55	0,87	20,1	38,9
55 bis unter 60	1,19	19,2	38,0
60 bis unter 65	1,71	36,8	36,8
65 bis unter 70	2,58	35,1	35,1
70 bis unter 75	4,73	32,5	66,2
75 bis unter 80	9,01	61,5	61,5
80 bis unter 85	18,79	52,5	52,5
85 bis unter 90	33,66	89,8	89,8
90 und älter	56,11	56,1	58,9

Quelle: map-fax; Stand: März 2007 (Basis: Versicherten- und Pflegefallzahlen 2005)

Im Alltag scheint dieses Risiko jedoch nur verschwommen wahrgenommen zu werden. Im Gegenteil: Es wird häufig unterschätzt. So schätzen Deutsche das generelle Pflegerisiko ziemlich hoch ein: 47 Prozent fürchten, im Alter auf Pflege angewiesen zu sein, fand Resuro Forschung und Entwicklung im Sommer 2008 bei einer repräsentativen Umfrage heraus. Geht es jedoch um das persönliche Pflegerisiko, so schätzen es nur noch 18 Prozent als hoch ein, jeder Dritte geht dagegen von einem geringen persönlichen Risiko aus. Die Umfrage offenbart auch weit verbreitete Unkenntnis der Rechtslage. So halten sich neun Prozent der gesetzlich Krankenversicherten überhaupt nicht für versichert. In Wirklichkeit deckt die gesetzliche Pflegeversicherung rund die Hälfte der nötigen Kosten ab. Aber auch die zumeist besser verdienenden privat Krankenversicherten haben Wissenslücken: Zwölf Prozent glauben, über die gesetzliche Pflegeversicherung geschützt zu sein. Tatsächlich greift bei ihnen der Schutz der sozialen Pflegeversicherung, der über die private Krankenversicherung automatisch mit eingekauft wird.

Fakt ist: Hauptgründe für Pflegebedürftigkeit sind Demenz und vegetative Zustände, gefolgt von Tumoren, Verletzungen, Missbildungen und AIDS. Reicht die gesetzliche private Grundabsicherung im Ernstfall nicht aus – neuerdings beträgt sie maximal rund 1.500 Euro pro Monat; in Härtefällen bis knapp 2.000 Euro –, geht es für die Betroffenen an die Rente und das Vermögen. Ein Heimplatz kostet monatlich aber häufig 2.500 Euro und mehr. Die vorhandenen Vermögenswerte wie Bankkonto, Haus und Auto werden zuerst herangezogen. Sind sie bei langer Pflegezeit aufgebraucht, wird der fehlende Unterhalt zunächst vom Sozialamt übernommen. Das Amt darf aber auf Verwandte ersten Grades zurückgreifen (§ 91 Bundessozialhilfegesetz). Die mit betroffenen „Kinder" sind häufig zwischen 45 und 65 Jahren alt. Vor dem Zugriff des Staates bleiben „Kinder" mit bis zu 100.000 Euro Jahreseinkommen verschont, hat der Bundesgerichtshof entschieden (Az.: XII ZR 98/04).

Die finanzielle Konsequenz der Pflegebedürftigkeit ist ohne privaten Zusatzschutz wenig verlockend. Früher überlebten die schweren Pflegefälle ihren Schicksalsschlag nur sieben bis acht Monate, heute bringen sie es durchschnittlich auf weitere sechs

Jahre Lebenserwartung. Da kommen auf Familien Kosten von rund 135.000 Euro zu, die nicht von der gesetzlichen bzw. sozialen (privaten) Pflegeversicherung abgedeckt sind. Folge: Fast 40 Prozent aller stationär Pflegebedürftigen werden durch ihren Pflegefall schon heute zu Sozialhilfeempfängern. Knapp fünf Prozent der ambulant versorgten Pflegebedürftigen und rund 25 Prozent der stationären Pflegefälle sind auf ergänzende Sozialhilfe angewiesen. Betroffen sind vor allem Familien der rund 500 000 Pflegebedürftigen in Heimen. Und deren Situation beschreibt Claus Fussek von der Vereinigung für Integrationsförderung als puren Notstand. Schon 2007 kam nur ein Pfleger auf 60 Heimbewohner. Entlastung sieht er vorerst nur in besserer finanzieller Ausstattung der Betroffenen selbst. Wer sich bessere Pflegequalität leisten kann, hat in der Regel die Chance, seine Menschenwürde auch im Alter zu bewahren.

Wenn den Eltern etwas passiert ...

Jeder von uns hofft, dass der Kelch an ihm vorübergehen möge. Zuerst aber und vor allem hoffen wir, dass es nicht die eigenen Eltern trifft, und wenn vorhanden, die Schwiegereltern auch nicht. Denn im Pflegefall ändert sich von einem auf den anderen Tag nicht nur deren Leben, sondern drastisch auch Ihr eigenes. Das geht mitunter schneller, als Ihnen lieb ist.

||| **Beispiel Joseph K.**

„Ich habe immer gedacht: Komm bloß nicht in ein Heim. Dabei wusste ich, dass meine Chancen dafür ziemlich gut standen. Ich habe meine Frau überlebt, was nicht vielen Ehemännern gelingt. Und ich bin selbst schon über 90 Jahre alt. Ins Pflegeheim geht man ja nicht, weil man will, sondern weil man muss. Als ich dann mit 91 einen leichten Schlaganfall bekam, musste ich in die Klinik. Danach klappte es mit der Bewältigung des Alltags zu Hause nicht mehr. Die Krankheit zwang mich zu akzeptieren, dass es von nun an ohne intensive Pflege nicht mehr abgehen werde. Also blieb gar keine Alternative zu einem Heim. Immerhin fand ich ein Haus, wo ich einige Möbel wie Tisch, Stühle und Vitrine mitnehmen konnte. Der Umzug ist jetzt ein Jahr her. Ich wohne in einem kleinen Zimmer, habe aber Kontakt zu rund 100 älteren, pflegebedürftigen Mitbewohnern. Das ist im Prinzip besser als zu Hause. Ich kann mich auch sonst nicht beklagen: Trotz Schlaganfall kann ich mich leidlich bewegen, gut sprechen und so an altersgerechter Geselligkeit teilhaben. Das ist zum Beispiel den Demenzkranken ja völlig vergönnt. Wenn es bei dem jetzigen Zustand der Gebrechlichkeit bleibt, ist es auszuhalten. Vielen geht es jedoch schlechter

▶

als mir im Moment. Die Pflege ist auch bei uns im Heim nicht immer so, dass man jubilieren möchte. Dennoch kann ich nicht verstehen, wenn viele Jüngere sagen, sie würden sich lieber umbringen als in ein Pflegeheim zu gehen."

Längst nicht immer führt ein gesundheitlicher Schlag automatisch ins Pflegeheim. Die Regel ist, dass zunächst der Arzt hilft, häufig genug im Krankenhaus. Doch was passiert danach? Angehörige haben zumeist kaum Zeit, sich auf die neue Situation einzustellen. Denn Klinikbetten sind teuer, und bei erstbester Gelegenheit werden Patienten wieder entlassen, obwohl sie zumindest vorübergehend ohne fremde Hilfe gar nicht zurechtkommen können.

||| **Beispiel Stefan M.**

„Ein Unfall vor 15 Jahren ruinierte mein Rückenmark. Die Verletzung ist so stark, dass ich wohl zum Pflegefall werde. Ich kann deutlich den Riss in meinem Körper spüren – und den Riss in meinem Leben. Von der Diagnose bis zur Operation ging viel Zeit verloren. Dann stand fest: Es handelt sich um eine inkomplette Querschnittslähmung zwischen dem vierten und siebten Halswirbel. Und das Wörtchen ‚inkomplett' bleibt als Hoffnungsschimmer. Denn mein Körper hat offenbar mit einem ‚spinalen Schock', einer Art Koma des Rückenmarks, auf den Unfall reagiert: Das Nervengewebe an der Verletzungsstelle ist nicht komplett kaputt, sondern einige unverletzte Abschnitte der Nervenbahnen erholen sich wieder. Doch häufig hat das Gehirn diese Nervenbahnen abgeschrieben, obwohl sie intakt sind. Ich befasse mich daher hauptsächlich mit meinem Kopf. Im Prinzip zwinge ich das Gehirn, die

▶

Informationen, die es aus dem Körper bezieht, mit den Daten der Umgebung korrekt abzugleichen und dieses Wechselspiel zu optimieren. Manchmal hilft ein einfacher Trick, manchmal ein altes Rezept, oft aber nur Expertenwissen. Ich habe großes Glück: In einer neurochirurgischen Station probieren Krankengymnasten und Bewegungstherapeuten, die frisch aus der Ausbildung kommen, eine neue Therapie. Sie widmen mir mehr Zeit, Kraft und Wissen als üblich. Am Ende ist der Querschnitt weitgehend therapiert. Ich kann mich ganz gut allein versorgen und brauche weder Katheter noch Urinbeutel, keine Blasentabletten oder andere für die Symptomatik typische Medikamente."

Der psychologische Schock und Bewältigungsstrategien

Dem Schock angesichts der niederschmetternden Diagnose Pflegefall folgen nicht selten Wut und Verzweiflung bis hin zur Frage nach dem Lebenssinn. Viele Betroffene verschließen die Augen vor der neuen Situation oder geraten in den Strudel einer Depression. Verdrängung hilft jedoch nicht weiter, sondern nur das bewusste Annehmen der Realität. Psychologen wissen: Das gesamte menschliche Denken und Verhalten wird von drei limbischen Instruktoren bestimmt. Sie haben sich im Laufe von Milliarden Jahren entwickelt – die Stimulanz-, Dominanz – und Balance-Instruktion.

- Die Balance-Instruktion: Sie ist die mächtigste Instruktion und sorgt für Sicherheit, Beständigkeit und Aufrechterhaltung von Gewohnheiten. Sie ist die Kraft der Beharrung.
- Die Dominanz-Instruktion: Sie gibt uns auf, uns durchzusetzen, den Konkurrenten zu verdrängen, nach Macht und Status

zu streben und unser Territorium und unsere Autonomie auszubauen. Sie ist die Kraft der Expansion.

- Die Stimulanz-Instruktion: Sie gibt uns auf, nach neuen und spannenden Reizen und Erlebnissen zu suchen. Sie ist die Kraft der Kreativität und Innovation.

Dabei sind z. B. alters- und geschlechtsspezifische Unterschiede zu berücksichtigen. Botschaften, welche die limbische Instruktion direkt und klar ansprechen, aktivieren das limbische System und lösen so Resonanz aus. Sie sorgt für positive Gefühle, mit denen wir unbewusst gelenkt werden. Das zu wissen, kann für Betroffene und Angehörige im Alltag eine praktische Hilfe sein, sich immer wieder zu motivieren.

Natürlich werden dieser Schock und die Bewältigung am besten an einem Beispiel deutlich.

||| Beispiel Martina I.

„Ich leide an einer Erbkrankheit, bei der das Kleinhirn mit der Zeit schrumpft. Bemerkt habe ich es durch unerklärliche Störungen des Gleichgewichts. Das ist mehr als 15 Jahre her. Der erste große Schock ereilte mich kurze Zeit später: Eines Morgens wollte ich loslaufen, um den Bus nicht zu verpassen, doch die Beine gehorchten nicht. Sie liefen einfach nicht los. Glatte Befehlsverweigerung. Ich hatte panische Angst, nicht mehr laufen zu können. Doch das ist ja noch harmlos gewesen, wie ich inzwischen weiß. Da die Erkrankung schubweise kommt, hatte ich nach dem ersten Schock erst einmal Zeit und Muße, das Erlebnis zu verarbeiten. Fast ein Jahr konnte ich nervlich auftanken, ehe die Krankheit völlig unerwartet ein zweites Mal zuschlug: wieder akute Gleichgewichtsstörungen, auch das Greifen, Zupacken und Sprechen fiel auf einmal schwerer. Mein Entschluss: Sprachtherapie und Krankengymnastik mussten her. Schlimm ist die Ohnmacht, einfach Dinge nicht mehr erledigen zu können. Dinge, die früher normal waren. Aber da hilft kein Heulen – Kopf hoch! Umdenken heißt die Devise. Da ich die Schuhe nicht mehr allein zubinden kann, bevorzuge ich nun Schuhe mit Reißverschluss. Allein zu Fuß gehen kann ich dennoch längst nicht mehr, sondern bin völlig auf die Hilfe anderer angewiesen. Wenn ich diesen Rückhalt nicht hätte, den mir vor allem mein Mann gibt, wäre ich nicht lebensfähig und hätte wohl auch keinen Lebensmut mehr. Nach dem ersten Schock habe ich gemerkt: Nicht die Krankheit an sich macht zu schaffen, sondern das Umfeld. Wenn ich hinfalle, werde ich aufgrund meines Gangbilds und meiner lallenden Aussprache oft für betrunken gehalten. Also hilft mir niemand beim Aufstehen. Das schmerzt doppelt. Und dann die Behörden: Keine Erleichterung ohne Antrag! Seit einem Jahr beziehe ich eine gesetzliche Erwerbsminderungsrente. Bis dahin war es ein langer Weg. Da die Krankheit sehr selten ist, musste ich drei Ärzte konsultieren. Ständig stand der Vorwurf im Raum, dass ich simulieren würde. Um den Schwerbehinderten-Ausweis zu bekommen, musste ich sogar fünf Anträge stellen. Erst nach über drei Jahren endlich das Ergebnis: 100 Prozent Schwerbehinderung. Irgendwann macht es fast Spaß, Anträge zu stellen – eine gewisse Routine stellt sich auch für Laien ein. Seit kurzem habe ich auch Pflegestufe 1. Die Pflegekasse tat sich wiederum schwer: Bezogen auf meine Erkrankung sei ich eigentlich noch zu fit, doch die nervliche Anspannung für den weiteren Verlauf der Erkrankung rechtfertige den Anspruch! Also bekomme ich Pflegegeld. Davon bezahle ich aber meine Therapieeigenanteile, Fußpflege, Telefonkosten usw. Das bittere Ende kenne ich: Der Körper zerfällt, du bist nicht mehr fähig, Alltägliches zu verrichten. Man wird zum kompletten Pflegefall. Der Geist bleibt aber voll erhalten. Wenn ich daran denke, bin ich froh, dass ich jetzt noch einigermaßen fit bin. Also nutze ich jeden Tag, als wäre es der letzte. Und genieße jede Sekunde. Denn der nächste Schub kommt ganz bestimmt."

Hilfe organisieren – aber wie?

Nach einem Unfall, einer schwerer Krankheit oder einfach nach einer Operation entsteht häufig Bedarf an Pflege. Konnte der betroffene Elternteil vorher noch gut für sich selbst sorgen, braucht er nun zumindest vorübergehend fremde Hilfe. Doch dieser plötzliche Bedarf wird von der Pflegeversicherung, die es seit 1995 gibt, überhaupt noch nicht abgedeckt. Denn: Leistungen werden erst bezahlt, wenn tatsächlich ein Anspruch besteht. Und der wiederum ist erst anerkannt, wenn der Medizinische Dienst eine Pflegestufe zuerkannt hat. Das aber kann dauern, denn pflegebedürftig ist man nach dem Gesetz ohnehin erst dann, wenn mindestens zwei wichtige Alltagsaktivitäten wie Körperpflege, Essen, Kochen, Waschen und Einkaufen durch Krankheit oder Behinderung mindestens seit sechs Monaten nicht mehr ohne Hilfe bewältigt werden können und die Hilfe im Schnitt keineswegs unter 90 Minuten pro Tag abgehen kann. Da kann man zwar gleich nach dem Zusammenbruch einen Antrag stellen, aber grünes Licht für Pflegeleistungen gibt es dennoch erst mit erheblicher Verspätung, nicht selten nach mehreren Monaten. Der medizinische Dienst prüft nämlich den Bedarf und erstellt sogar ein „Pflegegutachten". Was können Sie in der Zwischenzeit tun – jetzt, wo Ihre Mutter oder Ihr Vater auf Hilfe angewiesen ist?

Relativ einfach ist es, wenn der Betroffene unmittelbar nach dem Klinikaufenthalt eine Rehabilitation verordnet bekommt, etwa nach einem Schlaganfall. Dann beantragt meist der Sozialdienst des Krankenhauses die Rehabilitationsbehandlung. Als Patient oder Angehöriger brauchen Sie sich darum nicht zu kümmern. Der Arzt schlägt Kliniken vor und der Sozialdienst prüft, ob Betten frei sind. Er klärt auch die Kostenübernahme durch die Krankenkasse. Ein Gespräch mit dem zuständigen Arzt im Krankenhaus sollten Sie trotzdem führen: Es ist sinnvoll, eine Rehabilitationsklinik in der Nähe zu finden, damit Sie Ihren Vater oder Ihre Mutter so oft wie möglich besuchen können, um die nötigen Folgeschritte gegebenenfalls schnellstmöglich einleiten zu können.

Schwieriger wird es, wenn der betroffene Elternteil nach dem Klinikaufenthalt nach Hause entlassen wird, aber noch auf Hilfe angewiesen ist. Ältere Leser unter Ihnen werden sich erinnern, wie es in der Zeit vor 1995 war. Damals war in solchen Fällen zunächst die Krankenkasse zuständig. Was kaum jemand weiß: Daran hat sich im Prinzip nichts geändert. Deswegen ist ja auch ein guter Hausarzt Gold wert. Er kann zum Beispiel dafür sorgen, dass die notwendige ambulante Krankenpflege nach ärztlicher Verordnung erfolgt, etwa Medikamentengabe, Wundversorgung und Verbände, künstliche Ernährung, Intensivpflege und hauswirtschaftliche Versorgung. Der Hausarzt kann aber auch erste Pflegeleistungen im Bereich der Körperpflege oder Mobilität veranlassen. Dafür übernimmt die Krankenkasse die Kosten – unter drei Voraussetzungen:

- Durch die Pflege wird ein Krankenhausaufenthalt vermieden oder abgekürzt. Hier werden Leistungen wie Körperpflege, Mobilisation sowie die hauswirtschaftliche Versorgung für einen begrenzten Zeitraum bezahlt.
- Die Pflege ist zur Sicherung der ärztlichen Behandlung notwendig und wird vom Hausarzt verordnet.
- Für beides gibt die Krankenkasse die Genehmigung.

Meist brauchen die Patienten bei der Entlassung eben noch intensive medizinische Zuwendung. Der Hausarzt ist dabei der

Lotse – für die nachstationäre Behandlung. Gemeinsam mit dem Patienten und den Angehörigen, gegebenenfalls auch einer Apotheke und einem Pflegedienst sollten die ersten Schritte im neuen „Alltag mit Pflege" gelingen. Scheuen Sie sich also nicht, dem Hausarzt Ihrer Eltern auf „die Füße zu treten", wenn er nicht so funktioniert, wie es sein sollte. Viele Ärzte stöhnen unter der Last ihrer Aufgaben und sind im Einzelfall nicht besonders engagiert. Sollte dies der Fall sein, gehen Sie immer wieder in die Praxis und fordern Sie den Arzt auf, die nötigen Schritte einzuleiten. Lassen Sie sich nicht abspeisen!

Pflegestützpunkte

Weil genau an diesem Punkt jedoch vielfach schon Verzweiflung vorherrscht, hat der Gesetzgeber Abhilfe geschaffen: Seit 1. Januar 2009 gibt es für gesetzlich Versicherte, insbesondere Pflegebedürftige, einen Rechtsanspruch auf individuelle Beratung und Hilfestellung durch qualifizierte Pflegeberater. Bedürftig bedeutet: Man kann sich schon beraten lassen, ehe der Patient oder Angehörige als Pflegefall anerkannt ist. Vorrangig erfolgt dies in den so genannten Pflegestützpunkten in Wohnungsnähe der Betroffenen. Das soll keine neue oder zusätzliche Behörde sein, sondern das gemeinsame Dach bilden, unter dem Pflege- und Krankenkassen, Altenhilfe oder Sozialhilfeträger sich untereinander abstimmen und Hilfe vermitteln können. Viele pflegende Angehörige hatten eine solche zentrale Anlaufstelle gewünscht. Wenn etwa eine Wohnung altengerecht umgebaut werden muss, informieren Pflegeberater über mögliche Zuschüsse der Pflegekassen und örtliche Erfahrungen zu diesem Thema, vermitteln gegebenenfalls auch weitere Ansprechpartner. Im Pflegestützpunkt soll auf Wunsch des Einzelnen aber auch das gesamte Leistungsspektrum für den Pflegebedürftigen koordiniert werden. Somit müssen nicht mehr verschiedene Instanzen aufgesucht werden, wenn man Leistungen zur Behandlung von Erkrankungen, Hilfe bei der Pflege und von der Altenhilfe beantragen will.

Pflegestützpunkte sollen ortsnah und gut erreichbar im Wohnviertel eingerichtet werden, damit pflegebedürftige Menschen und ihre Angehörigen das Angebot auch nutzen können, ohne weite Wege zurücklegen zu müssen. Wo es zunächst noch an Stützpunkten fehlt, besteht der Anspruch des Versicherten auf Beratung gegenüber der Pflegekasse bzw. dem privaten Krankenversicherer. Dort sind auch Details zu den neuen Stützpunkten zu erfahren. Pflege- und Krankenkassen greifen beim Aufbau von Pflegestützpunkten auf vorhandene Angebote zurück. Die bisherigen Servicestellen konzentrieren sich nun aber nicht mehr nur auf Beratung in Fragen der Rehabilitation und Teilhabe, sondern sollen sich auch der Pflegebedürftigen und ihrer Sorgen annehmen. Ob der Ausbau der zentralen Pflegeberatung gelingt, hängt wie immer an den Finanzen ab. Und die bleiben knapp. Zudem gibt es schon private Anbieter sozialer Dienste (www.bpa.de), die kostenlose Beratung für Senioren und deren Familien leisten, etwa zum praktischen Wohnen im Pflegefall wie die bundesweit tätige Berliner Firma Seniorplace (www.seniorplace.de). Bezahlt werden sie von den Anbietern von Seniorenwohnformen, wenn der beratende ältere Mensch dort einzieht. Übrigens: Wer über die private Krankenversicherung seine Grundabsicherung der Pflege versichert hat (private Pflegepflichtversicherung), dem helfen die dortigen Pflegeberater. Dazu wurde die COMPASS Private Pflegeberatung

GmbH geschaffen. Die Beratung unterscheidet sich von der Beratung der gesetzlichen Pflegekassen: Es gibt keine Pflegestützpunkten an festen Standorten, sondern ausschließlich individuelle, mobile Beratung zu Hause oder im Heim.

Wie die Krankenkasse helfen kann

Lassen wir noch einmal Martina I. zu Wort kommen, die zu Beginn dieses Kapitels von ihren Erfahrungen mit einer schweren Erbkrankheit berichtet hat.

||| **Beispiel Martina I.**

„Wegen der Verschlechterung meines Gesundheitszustandes will ich mir einen Fahrdienst oder ein Taxi nehmen, der mich zum Therapeuten fährt. Selbst mit fremder Hilfe schaffe ich kaum mehr 50 Meter zu Fuß. Auch die Fahrt mit dem eigenen Auto ist nicht nur eine Tortur, sondern wegen der Krankheit auch ein Sicherheitsrisiko für andere. Natürlich muss ich wieder mit der Krankenkasse Rücksprache nehmen. Die muss prüfen, ob ich einen Fahrdienst in Anspruch nehmen darf. Antwort: ja, aber auf eigene Kosten! Als Ausweg hat mein Hausarzt mir nun Hausbesuche des Therapeuten verschrieben – dafür zahlt die Kasse. Das Theater setzt sich beim behindertengerechten Umbau fort. Aus zuverlässiger Quelle weiß ich, dass die Krankenkasse für nötige Umbauten zu einer rollstuhlgerechten Wohnung einen Teil der Kosten übernimmt. Ich versuche, einen Teil der Kosten für die neue, rollstuhlgerechte Küche erstattet zu bekommen. Das Attest des Arztes liegt vor, dass ich auf eine speziell umgebaute Küche angewiesen bin. Auch der Nachweis des Küchenbauers, rollstuhlgerecht gearbeitet zu haben, liegt vor. Jetzt bin ich auf die neuen Ausreden der Kasse gespannt.“

Tatsächlich gibt es bei den Leistungen einen Ermessensspielraum, der umso größer ist, je spezieller die Leistungswünsche sind. Zudem gibt es auch Unterschiede zwischen den Leistungen der Kassen, die in der jeweiligen Satzung nachzulesen sind.

Hilfe vor dem Pflegefall

Trotz Pflegeversicherung gilt: Nach wie vor bieten die Krankenkassen Leistungen im Pflegebedarf – vor allem wenn offiziell noch gar kein Pflegefall vorliegt. Stichworte sind insbesondere häusliche Krankenpflege, Grundpflege, hauswirtschaftliche Versorgung und Haushaltshilfe.

Haushaltshilfe:
- Klappt eigentlich nur, wenn ein Kind bis zwölf Jahre mit im Haushalt lebt und ein Elternteil in Klinik, zur Kur oder aus anderen medizinischen Gründen weg ist.
- Kassen können laut Satzung auf Voraussetzung eines Kindes verzichten.
- In der Regel gilt: Springt ein Angehöriger ein, wenn ein Elternteil ins Krankenhaus muss, kann nur Fahrgeld und Verdienstausfall für maximal zwei Monate geltend gemacht werden.
- Fazit: kommt meist nur in Betracht, wenn ein Elternteil zur Kur oder in die Klinik muss.

Häusliche Krankenpflege:
- Zur Vermeidung oder Verkürzung von Krankenhausaufenthalt (Krankenhausersatz-Pflege): alles, was in Klinik geleistet würde und hauswirtschaftliche Versorgung (maximal vier Wochen, nach Gutachten des Medizinischen Dienstes der Krankenkassen – MDK – auch länger).

- Oder zur Sicherung eines bestimmten Behandlungszieles (Behandlungssicherungs-Pflege): nur Verbandswechsel, Injektionen, aber keine Grundpflege und keine Haushaltshilfe (bei manchen Kassen aber doch als Satzungsleistung).
- Voraussetzung: Keine im gemeinsamen Haushalt lebende Person kann Versorgung leisten.
- Patient muss Zuzahlung leisten (zehn Euro pro Tag für maximal 28 Tage im Jahr).

In der Praxis sollten Sie aber keine Wunder erwarten. Auf Anfrage ließ eine große deutsche Krankenkasse wissen: Eine Haushaltshilfe klappt praktisch nie. Auch die häusliche Krankenpflege wird zumeist nur bei aktueller Krankheit und zur Vermeidung eines Klinikaufenthaltes gewährt. Dennoch: Es lohnt sich, genau hinzuschauen. Denn die Leistungen der Kassen unterscheiden sich hier im Detail deutlich. Entscheidend ist, was in der jeweiligen Satzung steht. So zahlt zum Beispiel manche Kasse laut Satzung eine „erweiterte häusliche Krankenpflege". Bezahlt wird dann auch die Grundpflege und hauswirtschaftliche Versorgung, wenn kein Zusammenhang mit einer Krankenhausbehandlung besteht. Beispiel Betriebskasse der Siemens AG: Erweiterte häusliche Krankenpflege wird „bis zu zwei Stunden täglich und bis zu 26 Wochen je Krankheitsfall" gewährt. Dies ist für Betroffene ein Strohhalm, an den sie sich in der ersten Not klammern können. Damit ist jedoch keine langfristige Hilfe möglich. Daher sollten Sie die Organisation weitergehender Hilfe nicht auf die lange Bank schieben, wenn sich am Horizont ein dauerhafter Pflegebedarf abzeichnet. Am besten ist es, vorausschauend eine Pflegestufe zu beantragen. Der Medizinische Dienst (MDK) kennt viele ältere Leute, die sich gegen eine Einstufung als Pflegefall sperren. Dann sollte auch der Hausarzt mit einer klaren Diagnose Überzeugungsarbeit leisten und den Patienten zum Pflegeantrag animieren. Im Zweifel können Sie als betroffene Angehörige, insbesondere Sohn oder Tochter, auch selbst einen Termin mit der Krankenkasse Ihres Elternteils ausmachen und sich dort beraten lassen.

Nicht selten kündigt sich der Pflegefall durch einen harmlos anmutenden Sturz an.

| | | Beispiel Wilhelmine R.

„Mit 69 bin ich eigentlich noch gut beieinander. Dennoch bin ich durch eine Unachtsamkeit im letzten Winter ausgerutscht und unglücklich gestürzt. Das Sprunggelenk brach und die Bänder drumherum rissen einfach so. Natürlich kam ich sofort ins Krankenhaus und wurde operiert. Doch wie sollte es nach der Klinik weitergehen? Da mein Mann schon vor drei Jahren gestorben ist, lebe ich allein. Im ländlichen Raum ist das im Alter an sich schon ein Nachteil, doch nach dem Unfall habe ich das noch deutlicher gespürt. Dann kam der Tag der Entlassung.

Ich bin noch heute meinem Versicherungsvertreter aus dem Dorf dankbar, dass er mich zu einer speziellen Unfallversicherung überredet hat. Denn erst wollte ich nicht, zumal die Prämie nicht ganz billig ist. Doch was sind schon 170 Euro im Jahr, wenn es ernst wird! Denn nun erlebte ich, was an Unterstützung auf die Beine gestellt werden kann: Täglich kam ein überwiegend wunderbares Mittagessen zu mir nach Hause. Beim Einkaufen und der Fahrt zum Arzt wurde ich begleitet. Auch die Wohnung musste ich nicht selbst reinigen, die Wäsche nicht waschen und bügeln. In den ersten vier Wochen bekam ich sogar die Grundpflege spendiert, musste mich also nicht selber waschen, baden, maniküren usw. Das wäre mit dem schlimmen Fuß auch gar nicht möglich gewesen. Erst nach drei Monaten konnte ich schließlich wieder richtig auf eigenen Füßen

▶

stehen und halbwegs für mich selbst sorgen. Nun klappt es durch die Nachbarschaftshilfe ganz gut mit dem Einkaufen. Außerdem besucht mich meine beste Freundin jede Woche einmal. Da wird nicht nur geredet, sondern einiges gemeinsam erledigt, was ich alleine nicht schaffe. Ohne die Versicherung hätte ich über 3.000 Euro für meine dienstbaren Geister bezahlen müssen. Das wäre finanziell gar nicht gegangen. Wahrscheinlich wäre es eine schlimme Zeit mit Entbehrungen geworden, denn ich habe mich inzwischen erkundigt: Wer nach einem Unfall vorübergehend auf fremde Hilfe angewiesen ist, wird zu Hause weder über die gesetzliche Kranken- noch die Pflegeversicherung versorgt. Sich selbst diese Hilfe im Alltag zu organisieren, ist eben mühsam, zumal man sich damit gar nicht auskennt. Durch meine Unfallversicherung, die im Prinzip auch waschen, kochen und putzen kann, genieße ich zusätzlichen Schutz. Der reicht sogar bis zur vorübergehenden Betreuung pflegebedürftiger Angehöriger und der Versorgung von Haustieren. Das ist für die Zukunft ein beruhigendes Gefühl."

Auch wenn sich Ältere noch rüstig fühlen und nicht akuten Pflegebedarf haben, überschätzen sie nicht selten ihre Kräfte. Wer ehrlich zu sich selbst ist, würde schon gerne die eine oder andere Hilfe in Anspruch nehmen, aber um Gottes Willen bloß niemandem zur Last fallen. Zwar hoffen 95 Prozent auf Hilfe aus dem privaten Umfeld, ergab eine Studie der Gesellschaft für Konsumforschung (GfK) aus dem Frühjahr 2008 zu „Lebenswelten Älterer und bedarfsgerechten Angeboten im gesellschaftlichen Wandel". Dort wurde auch deutlich, dass der Wunsch nach professionellen Hilfen bei alltäglichen Verrichtungen groß ist. Mit zunehmendem Alter werden die Begleitung zu Arzt oder Behörden, Einkaufsdienste, Hilfe bei Gartenarbeiten, Winterdienst und bei kleineren Handwerkstätigkeiten immer wichtiger.

Welche der folgenden Dienste und Angebote sollten für Sie schnell und problemlos verfügbar sein?

Basis: 759 Männer und Frauen, 55 Jahre und älter; Angaben in Prozent

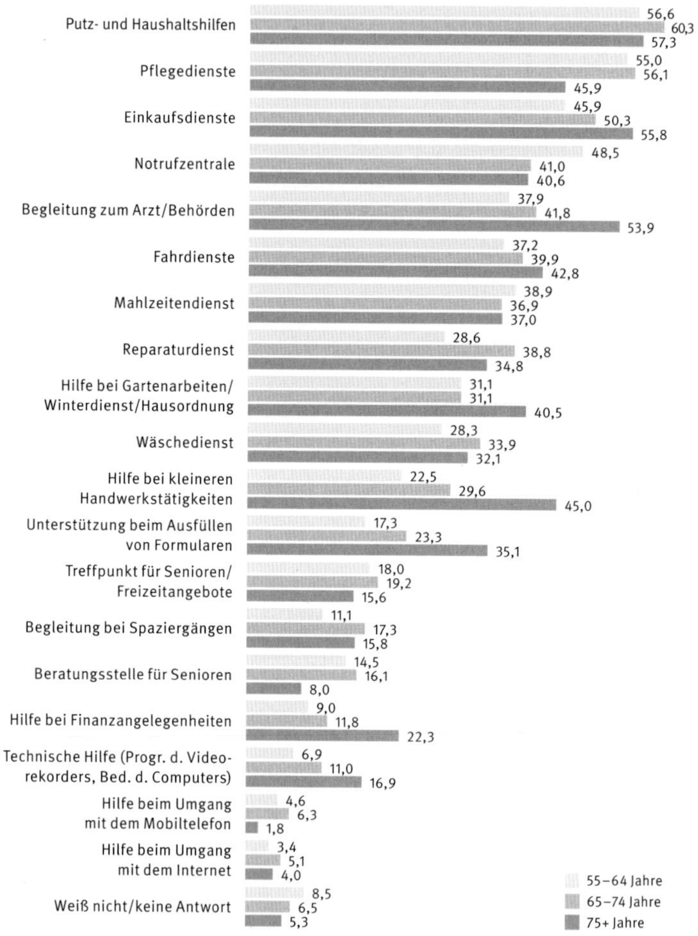

Dienst / Angebot	55–64 Jahre	65–74 Jahre	75+ Jahre
Putz- und Haushaltshilfen	56,6	60,3	57,3
Pflegedienste	55,0	56,1	45,9
Einkaufsdienste	45,9	50,3	55,8
Notrufzentrale	48,5	41,0	40,6
Begleitung zum Arzt/Behörden	37,9	41,8	53,9
Fahrdienste	37,2	39,9	42,8
Mahlzeitendienst	38,9	36,9	37,0
Reparaturdienst	28,6	38,8	34,8
Hilfe bei Gartenarbeiten/Winterdienst/Hausordnung	31,1	31,1	40,5
Wäschedienst	28,3	33,9	32,1
Hilfe bei kleineren Handwerkstätigkeiten	22,5	29,6	45,0
Unterstützung beim Ausfüllen von Formularen	17,3	23,3	35,1
Treffpunkt für Senioren/Freizeitangebote	18,0	19,2	15,6
Begleitung bei Spaziergängen	11,1	17,3	15,8
Beratungsstelle für Senioren	14,5	16,1	8,0
Hilfe bei Finanzangelegenheiten	9,0	11,8	22,3
Technische Hilfe (Progr. d. Videorekorders, Bed. d. Computers)	6,9	11,0	16,9
Hilfe beim Umgang mit dem Mobiltelefon	4,6	6,3	1,8
Hilfe beim Umgang mit dem Internet	3,4	5,1	4,0
Weiß nicht/keine Antwort	8,5	6,5	5,3

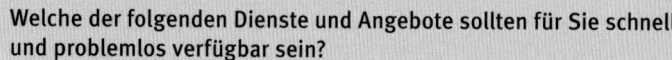

Quelle: Gesamtverband der Deutschen Versicherungswirtschaft e. V.

In dieser Studie geben verschiedene Altersgruppen ab 55+ unumwunden zu, dass ihnen selbst oder einem anderen Haushaltsmitglied verschiedene Tätigkeiten schwerfallen. In der Altersgruppe 75+ gaben 47 Prozent der Befragten an, dass ihnen das Treppensteigen schwerfällt. Als zweithäufigster Grund werden Behördengänge genannt, gefolgt von Putzen und Einkaufen.

Was der Altersgruppe 75+ am schwersten fällt[1]

Tätigkeit	Angaben der Befragten (in %)[2]
Treppensteigen	47,0
Behördengänge	43,1
Putzen und Aufräumen	39,4
Einkaufen	37,7
Arztbesuche	31,2
Spaziergänge	29,7
Wäsche waschen	24,6
Besuch von Kulturveranstaltungen	19,7
Kochen	16,1
Körperpflege	15,4
Gartenarbeit	3,5
Alle Tätigkeiten fallen schwer	2,3

[1] Studie „Lebenswelten Älterer" 2008; Quelle: GfK und GDV
[2] Mehrfachnennungen möglich

Hilfen zu Hause und wo man nachfragen kann

Ob mit oder ohne Versicherung: Im Ernstfall braucht der betroffene Elternteil Hilfsmittel für den Alltag. Meist müssen erstmal die „Kinder" ran, die im soliden Alter von 45 Jahren aufwärts erst recht keine praktische Erfahrung mit diesem Thema haben. Hier helfen die gesetzlichen und privaten Kassen bei der Beratung. Gehen Sie direkt zur Krankenkasse des betroffenen Elternteils, in der Regel sind die Angestellten freundlich, erteilen Auskunft und helfen Ihnen sogar beim Ausfüllen der Anträge. Vieles ist machbar, wie die folgenden Beispiele zeigen.

- Reinigung

  Für den Fall, dass ein Elternteil den Haushalt nicht mehr allein bewältigen kann und Sie nicht unterstützend helfen können, ist es möglich, hauswirtschaftliche Hilfe einzukaufen – von privaten Trägern oder von Wohlfahrtsverbänden. Wenn später eine Pflegeeinstufung erfolgt ist, übernimmt die Pflegekasse die Kosten ganz oder teilweise. Das Sozialamt hilft nur bei Bedürftigkeit. Das heißt dann „Hilfe zur Pflege" (Seite 73). Falls alles aus eigenem Portemonnaie zu zahlen ist, sollten Sie möglichst vorher von mindestens drei Anbietern einen Kostenvoranschlag einholen – so wie Sie es bei Handwerkern oder beim Kauf teurer Geräte ebenfalls tun.

- Einkaufs- und Lieferdienst

  Immer mehr Geschäfte und auch Apotheken stellen sich auf ihre alternde Kundschaft ein und bieten einen Lieferservice an. Die Bestellung kann auch telefonisch, per Fax oder SMS erfolgen. Fragen Sie beim nächsten Einkauf nach den Gegebenheiten. Meist kostet dies weniger als fünf Euro. Gerade wenn das Gehen schwerfällt, man nicht schwer tragen kann und womöglich auch Probleme beim Autofahren hat, ist dieser Service Gold wert. Im ländlichen Raum gibt es solche Angebote bereits häufig; auch rollende Supermärkte sind mittlerweile verbreitet. Dann ist der Einkauf etwas teurer als im klassischen Supermarkt.

- Essen auf Rädern
  Mahlzeitendienste bringen regelmäßig fertig zubereitete Speisen ins Haus – Frischware oder Tiefkühlkost. Auch Seniorenzentren, Alten-Tagesstätten, Restaurants und Metzgereien bieten preisgünstigen Mittagstisch an – mitunter mit Lieferservice um die Ecke. Fragen Sie vor Ort nach.
- Mobile Nagel-, Fuß- und Haarpflege
  Viele Ältere schaffen es allein nicht mal mehr zum Friseur. Immer mehr Firmen kommen daher auch ins Haus. Der Aufpreis hält sich in Grenzen, aber der Wohlfühleffekt ist enorm.

© bilderbox – Fotolia.com

Bereits ein Gehstock kann bei leichter Gehunsicherheit Stabilität geben.

- Begleitdienst

  Wenn ein Elternteil nicht gut laufen und womöglich selbst nicht mehr fahren kann, braucht er Hilfe, etwa bei der Begleitung zum Arzt. Selbst Hausärzte machen heutzutage nicht mehr durchgängig Hausbesuche, weil sie diese Leistung kaum vergütet bekommen. Kostenlos Fahr- und Begleitdienste sind selten geworden. Fragen Sie am besten bei der örtlichen Senioren- oder Nachbarschaftshilfe nach.

Technische Hilfen

Erster Ansprechpartner sollte hier der Hausarzt, ein Orthopäde oder Physiotherapeut sein. Hier fünf ausgewählte Beispiele.

1. Gehstock: Er gehört bei den meisten Gehbehinderungen zur Grundausstattung. Es gibt ihn aus Holz, Aluminium und mit verchromtem Stahlrohr. Unter den Aluminiumrohren gibt es auch solche, die sich verstellen und somit an die individuelle Körpergröße anpassen lassen. Um ihn auch draußen und bei jedem Wetter verwenden zu können, ist er unten häufig mit einer Art Spikes ausgestattet, die Stürzen bei Schnee und Eis verhindern helfen. Sicherheit im Dunkeln geben fluoreszierende Punkte und Rückstrahler im Griff des Stockes.

2. Gehgestell: Es sieht aus wie eine Art Geländer aus Stahl, dessen Enden nach hinten gezogen sind. Günstig ist ein bewegliches Gehgestell, weil es sich gut dem Bewegungsablauf anpassen lässt. Seine Flexibilität erlaubt es, immer ein Stahlrohr auf dem Boden zu lassen. Noch besser ist ein Gehgestell auf Rollen, der so genannte Rollator. Er setzt aber eine gewisse Gehsicherheit voraus und lässt sich nur auf ebenem Boden einsetzen. Vielfach verfügt er über eine Handbremse für die

Hinterräder und über ein Einkaufsnetz. Zudem ist meist ein Sitz eingebaut, auf dem man sich zum Ausruhen niederlassen kann. Allerdings wird viel Platz beim Wenden und Manövrieren gebraucht. Da Rollatoren wie auch Medizintechnik meist sehr teurer sind, sollten Sie im Zweifel erst den Arzt (Verschreibung) und die Kasse (Antrag) konsultieren. In der Regel gibt es allerdings keine Schwierigkeiten mit der Krankenkasse, wenn Sie ein Rezept des behandelnden Arztes vorlegen.

3. Stockhalter: Wer auf einen Stock angewiesen ist, dem fällt meist auch das Bücken schwer. Häufig fällt der Stock aber um, nachdem man ihn irgendwo angelehnt hat. Da hilft ein Besenhalter, den es in jedem Haushaltwarenladen oder Baumarkt gibt. Oder eine Stockhalterung, die man am besten neben dem Lieblingsplatz anbringt, etwa dem Fernsehsessel.

4. Drahtlose Technik: Ob Kopfhörer für Radio und Fernseher oder das Festnetztelefon in der Wohnung – drahtlose Technik erspart lästige Kabel, über die man stolpern könnte. Und man kann auch an einem anderen Platz in der Wohnung telefonieren als dort, wo das Telefon steht. Es gibt auch speziell für Senioren gestaltete Fernbedienungen, die wesentlich handlicher und übersichtlicher aufgebaut sowie mit größeren Knöpfen für Lautstärke und Senderwahl ausgestattet sind.

5. Hausnotrufsystem: Bei Kreislaufstörung, Sturz oder Schwindel schaffen ältere Menschen es womöglich nicht mehr bis zum Telefon. Wer allein lebt, kann zur eigenen Beruhigung und zur Beruhigung der Angehörigen ein Alarmsystem installieren lassen, dass Kinder oder Freunde informiert. Häufig genügt als Hausnotrufsystem auch eine spezielle Ruftaste am Telefon. Meist wird der so genannte Funkfinger genutzt, ein Gerät, das um den Hals gehängt, am Gürtel oder am Hand-

gelenk getragen wird. Es ist mit einem Alarmknopf versehen. Drückt man auf den Knopf, wird automatisch eine vorher eingestellte Telefonnummer mit dem bereits gespeicherten Notruftext gewählt. Der Angerufene – oft ein Angehöriger oder eine Notrufzentrale – stellt dann eine Sprechverbindung her, ohne dass der in Not Geratene den Hörer abnehmen muss. Über die Angebote und Preise für den Hilferuf wissen zum Beispiel Sozialstationen Bescheid.

Rollatoren werden meist anstandslos von den Krankenkassen bewilligt.

Wenn sich die Situation nicht bessert

Damit hier keine falschen Beruhigungspillen verteilt werden: Zum Pflegefall kann jeder von uns von einem Tag auf den anderen werden, nicht erst in höherem Alter. Davon künden jährlich schwere Unfälle im Straßenverkehr, bei denen häufig ein gesundheitliches Handicap zurückbleibt. Mitunter trifft einen auch eine heimtückische Krankheit, wie der nächste Fall zeigt.

||| Beispiel Joachim W.

„Begonnen hat alles mit einem Waldspaziergang. Am Abend entdeckte ich beim Duschen eine Zecke in der Leistengegend. Mit einer Pinzette entfernte sie meine Frau – es war schließlich nicht der erste Zeckenbiss. Drei Wochen war die Haut gerötet und ich fühlte mich schwach. Der herbeigerufene Arzt diagnostizierte eine Sommergrippe – kein Grund zur Sorge. Als ich ihm vom Zeckenbiss berichtete, wiegelte er ab: Eine Zeckenerkrankung könne man ausschließen. Tatsächlich erholte ich mich nach einigen Tagen und ging wie gewohnt zur Arbeit. Doch immer war ich schnell ermüdet, hatte wieder Kopf- und Gliederschmerzen. Hinzu kamen Angstzustände und Schweißausbrüche. Wenig später der erste Schock: ich kippte an der Bushaltestelle einfach um. Diagnose: leichte Herzrhythmus-Störungen. Die Zusammenbrüche häuften sich nun, doch Ärzte aller möglichen Fachrichtungen fanden die Ursache nicht. Mal wurde Multiple Sklerose vermutet, mal eine verschleppte Grippe und dann eine Hirnhautentzündung. Immer wieder landete ich auf der Intensivstation, sogar in der Psychiatrie. Doch die Ursache war noch immer ungeklärt. Inzwischen wurde ich mit Anfang 40 zum Invaliden erklärt, man bescheinigte mir einen ▶

Behindertengrad von 80 Prozent. Jede Bewegung fällt schwer, es treten Lähmungserscheinungen auf. Durch Zufall lernte ich einen Facharzt für Infektionskrankheiten kennen. Mittlerweile zu 100 Prozent behindert erfuhr ich die Diagnose: Ich leide an Borreliose, einer durch Zecken übertragenen Infektionskrankheit. Da sie nicht rechtzeitig erkannt und demnach nicht mit Antibiotika behandelt wurde, ist bei mir inzwischen neben Organen, Muskeln und Gelenken auch das Nervensystem befallen. Dies hat mich zum Pflegefall gemacht, der jedoch erst nach über einem Jahr anerkannt worden war, und inzwischen alle finanziellen Mittel verschlungen. Nun fehlt das Geld, um spezielle Nahrungsmittel und Medikamente aus den USA zu kaufen, die Linderung bringen würden."

Das Beispiel zeigt: Trotz Umsicht, eigener Hartnäckigkeit und familiärer Unterstützung lassen sich schwere Schicksalsschläge nicht immer vermeiden. Wenn die gesundheitliche Situation sich nach Monaten noch nicht gebessert und auch medizinische Rehabilitation keinen Fortschritt gebracht hat, droht Pflegebedürftigkeit. Dann steht häufig die ganze Familie vor der schweren Entscheidung, ob die Pflege zu Hause oder von einer spezialisierten Einrichtung übernommen werden soll. Ganz überwiegend fällt die Entscheidung für die Betreuung im häuslichen Rahmen. Dann muss die nächste Frage geklärt werden: Können Angehörige die Pflege übernehmen oder ein ambulanter professioneller Pflegedienst. Bei der Entscheidung, ob Fachleute die Pflege übernehmen oder nicht, spielen auch finanzielle Belange eine große Rolle, denn ein Heimplatz kostet heute nicht selten 3.000 Euro im Monat und mehr. Und auch häusliche Pflege wird zwar von der Sozialversicherung bzw. privaten Pflegepflichtversicherung bezahlt, allerdings nicht in vollem Umfang.

Wie bekommt man Leistungen der Pflegeversicherung?

Nehmen wir den gar nicht so seltenen und zugleich schweren Fall: Ein Angehöriger erleidet einen Herzinfarkt oder Schlaganfall. Im Idealfall wird er sofort in der Klinik behandelt, deren Sozialdienst vor der Entlassung bereits die nötige Rehabilitationsbehandlung beantragt und auch prüft, ob in der Klinik Betten frei sind und die Krankenkasse die Kosten übernimmt. Nach drei oder vier Wochen Rehabilitation kommt der Betroffene dann endgültig nach Hause. Zumeist ist er nach einem Schlaganfall weit davon entfernt, wieder vollständig für sich sorgen zu können. Was tun? Zunächst sollte erste Hilfe über private Initiative organisiert werden, eventuell mit Hilfe und teilweise auf Kosten der Krankenkasse.

Checkliste: Erste Schritte bei drohendem Pflegefall

- Lassen Sie sich bei der gesetzlichen oder privaten Pflegekasse, einem Pflegedienst oder Pflegestützpunkt über Hilfen und Kosten beraten.
- Besprechen Sie mit Ärzten, ob nach dem Klinikaufenthalt Rehabilitation oder physikalische Maßnahmen erforderlich und möglich sind.
- Stellen Sie vorab einen Antrag auf Feststellung der Pflegebedürftigkeit, wenn möglich noch im Krankenhaus.
- Besprechen Sie mit Ärzten, Angehörigen oder Freunden, wer in der ersten Zeit die Pflege übernehmen soll.
- Soll die Pflege selbst organisiert werden, klären Sie, ob dies überhaupt möglich und ausreichend ist.
- Prüfen Sie, ob der Pflegedienst nur sporadisch Pflege übernehmen soll und der andere Teil von der Familie zu leisten ist.

- Wenn bei Pflege zu Hause der Angehörige „Urlaub" braucht, sollte Information über die Möglichkeiten teilstationärer Pflege eingeholt werden – an einigen Tagen in der Woche.
- Klären Sie, ob die Lage der Wohnung (z. B. Zugang, oberes Stockwerk) für Pflege geeignet ist.
- Sind Hilfsmittel, Einbauten oder Umbauten erforderlich: Informieren Sie sich im Beratungsgespräch, welche Hilfen und Zuschüsse es gibt.
- Nehmen Sie Kontakt zu Pflegediensten auf und sprechen Sie über den möglichen Umfang der Pflege und die Kosten.

Spätestens während der Rehabilitation sollte in schweren Fällen darüber nachgedacht werden, einen Pflegeantrag zu stellen. Zur Erinnerung: Die Pflegeversicherung springt erst ein, wenn ein Patient länger als sechs Monate beim Essen, Gehen und Waschen auf fremde Hilfe angewiesen ist. Das wird jedoch von Gutachtern intensiv geprüft. Meist vergehen zwischen Antrag und Entscheidung acht Wochen und mehr. Seit 1. Juli 2008 ist gesetzlich geregelt, dass die Pflegekasse das Ergebnis spätestens nach fünf Wochen mitteilen muss. Bei positivem Bescheid werden Pflegeleistungen jedoch rückwirkend bezahlt. Je später der Antrag gestellt wird, desto später beginnen auch die bezahlten Pflegeleistungen. Heben Sie unbedingt eine Kopie des Antrages auf.

In zehn Schritten zur Leistung

- Sie stellen den Antrag bei der Krankenversicherung auf Feststellung der Pflegebedürftigkeit.
- Die gesetzliche oder private Pflegekasse meldet sich; ein Gutachtertermin wird vereinbart.

- Der Gutachter kommt ins Haus, ins Krankenhaus oder in eine andere Einrichtung.
- Der Sachverständige erstellt ein Gutachten, auf dessen Grundlage die Pflegekasse die Zuordnung in die Pflegestufe vornimmt und entsprechende Leistungen gewährt.
- Sie erhalten den Bescheid der Pflegekasse.
- Sie sind mit dem Bescheid einverstanden: Die Leistungen beginnen.
- Sie sind mit der Entscheidung bzw. Ablehnung nicht einverstanden: Sie legen Widerspruch gegen den Bescheid ein.
- Ändert die Kasse nach Ihrem Widerspruch die Zusage in Ihrem Sinne: Die Leistungen beginnen.
- Bleibt es dagegen bei der Ablehnung bzw. nur teilweisen Leistungszusage, erfolgt ein ablehnender Widerspruchsbescheid der Pflegekasse: Die Leistung wird weiterhin verweigert.
- Dann bleibt nur noch die Klage vor dem Sozialgericht.

Der Pflegeantrag

Nichts geht in Deutschland ohne den unvermeidlichen Antrag. Das Antragsformular auf Geld oder Sachleistungen von der Pflegekasse erhalten Sie bei der Krankenkasse bzw. privaten Krankenversicherung des Versicherten. Dort ist jeweils die Pflegeversicherung angesiedelt. Ein ärztliches Attest oder eine Begründung ist nicht nötig. Die Pflegeversicherung prüft zunächst den Antrag. Dazu beauftragt sie ihren medizinischen Dienst mit einem Pflegegutachten. Der prüft, wie pflegebedürftig der Patient ist und ob eine Pflege zu Hause überhaupt möglich ist, anschließend stuft sie ihn in eine von drei Pflegestufen ein. Zuvor muss der Pflegebedürftige aber schriftlich einwilligen, dass der MDK sein Umfeld besichtigen und ein ärztliches Gutachten einholen darf.

Der Medizinische Dienst sieht sich also den Pflegebedürftigen genau an. Je nach Art der Krankenversicherung heißt dieser Dienst etwas anders: Für gesetzlich Krankenversicherte ist der Medizinische Dienst der Krankenkassen (MDK) zuständig (www.mdk.de), für privat Krankenversicherte samt Post- und Bundesbahnbeamten der medizinische Dienst Medicproof GmbH (www.medicproof.de). Der Patient wird also begutachtet. Dies geschieht in einem Hausbesuch, der vorher zwingend angemeldet werden muss.

Bereiten Sie sich auf den Besuch des Gutachters vor. Er will wissen, wie viele Stunden am Tag der Pflegebedürftige Hilfe braucht. Vom Gutachten hängen die Einstufung des Pflegebedürftigen und die Leistungen ab. Führen Sie zur Vorbereitung am besten ein Pflegetagebuch. Vordrucke dafür gibt es bei vielen Kassen. Sie informieren auch darüber, welcher Hilfebedarf für welche Pflegestufe nötig ist. Schreiben Sie mindestens zwei Wochen lang jeden Handgriff auf und notieren also, wobei Hilfe nötig und wie viel Zeit dafür notwendig ist. So bekommen Sie ein Gespür dafür, welche Leistungen Ihnen oder Ihrem Elternteil zustehen. Zugleich dient das Tagebuch als lückenloser Nachweis des Pflegeaufwandes. Diese Angaben fließen meist ins Gutachten ein. Darin wird der zeitliche Aufwand für den Hilfebedarf bei der Grundpflege sowie für die hauswirtschaftlichen Versorgungen akribisch festgelegt. Außerdem wird beurteilt, ob Hilfsmittel notwendig sind und die Wohnung angepasst werden muss. Übrigens: Ein Antrag ist erneut notwendig, wenn schon Hilfsbedürftigkeit vorliegt, aber der Bedarf steigt und eine Eingruppierung in eine höhere Pflegestufe angestrebt wird.

Tipp: Beim Besuch des Gutachters sollten Sie als Angehöriger grundsätzlich dabei sein. Sie kennen den konkreten Pflegebedarf Ihres Elternteils und dienen zudem als moralische Stütze und Zeuge. Haben Sie zwischenzeitlich schon einen Pflegedienst eingeschaltet, etwa um Wunden zu versorgen, sollte auch der Pfleger oder die Pflegerin anwesend sein. Sie besitzen medizinisches Wissen und können helfen, auf die vielen Fragen zu antworten. Denn nicht selten werden Anträge im ersten Anlauf abgelehnt.

Der Gutachter empfiehlt der Pflegeversicherung schließlich eine konkrete Pflegestufe – oder auch nicht – sowie die Art der Pflege – ambulant oder stationär. Auch private Pflege-Zusatzversicherungen zahlen zumeist erst, wenn der Pflegefall anerkannt ist. Doch um welche Leistungen geht es eigentlich?

Was die gesetzliche Pflegeversicherung bietet

Bevor es Leistung gibt, erfolgt also die Einstufung – laut Gesetz nach drei so genannten Pflegestufen. Berücksichtigt wird der Hilfebedarf bei den regelmäßig wiederkehrenden Verrichtungen des täglichen Lebens. Dazu zählen die Grundpflege (Hilfen bei der Körperpflege, Ernährung und Mobilität) sowie der Aufwand für hauswirtschaftliche Versorgungen. Für jede einzelne Tätigkeit gibt es einen bestimmten Zeitbedarf. Daraus wird dann der gesamte Pflegeaufwand berechnet.

Wann es welche Pflegestufe gibt

Pflegestufe	Hilfebedarf
Pflegestufe 1 (erheblich)	mindestens 90 Min. pro Tag Hilfebedarf für Grundpflege und hauswirtschaftliche Versorgung (davon mindestens 46 Min. Grundpflege)
Pflegestufe 2 (schwer)	mindestens 180 Min. pro Tag Aufwand für Grundpflege und hauswirtschaftliche Versorgung (davon mindestens 120 Min. Grundpflege)
Pflegestufe 3 (schwerst)	mindestens 300 Min. pro Tag Aufwand für Grundpflege und hauswirtschaftliche Versorgung (davon mindestens 240 Min. Grundpflege)

Ist dieser Pflegeaufwand vom medizinischen Dienst anerkannt, startet die Pflegekasse mit den Leistungen. Wird zu Hause gepflegt, besteht die Wahl zwischen den so genannten Geld- und Sachleistungen. Pflegegeld erhalten Angehörige, die die Pflege komplett übernehmen. Über dieses Geld kann frei verfügt werden. Sachleistungen können in Anspruch genommen werden, wenn ein professioneller Pflegedienst mit der Pflege betraut ist. Dieser stellt Ihnen eine Rechnung, die Sie bis zum jeweiligen Höchstbetrag erstattet bekommen. Es gibt auch die Möglichkeit, beides zu kombinieren.

Nur soviel an dieser Stelle: Neben der eigentlichen häuslichen Pflege können auch Kurzzeit- und teilstationäre Pflege beantragt werden. Kurzzeitpflege bietet Ersatz, wenn Sie einen Angehörigen zu Hause pflegen, aber selbst krank werden oder dringend mal Urlaub brauchen. In dieser Zeit kommt der Pflegebedürftige ins Heim. Teilstationäre Pflege ist sinnvoll, wen Sie als pflegender Angehöriger aus beruflichen Gründen keine Betreuung absichern können. Dann kommen Vater oder Mutter tagsüber in eine Einrichtung, sind aber nachts wieder zu Hause. Die Pflegeversicherung übernimmt auch teilweise die Kosten für Pflegehilfsmittel und Wohnungsumbau, zudem bietet sie Pflegekurse an.

Die Leistungen der gesetzlichen Pflegeversicherung bzw. privaten Pflegepflichtversicherung unterscheiden sich nicht. Sie bieten jedoch nur eine Grundabsicherung – vergleichbar der Teilkaskoversicherung bei Autos. Für eine Vollkaskoabsicherung rechen die Beiträge nicht aus. So muss häufig die Hälfte der Kosten aus eigener Tasche bezahlt werden.

Leistungen der gesetzlichen Pflegeversicherung

Leistungen (Angaben in Euro)	Pflegestufe			
		1	2	3
ab 1.7.2008 häusliche Pflege	Sachleistung[1] Pflegegeld[2]	420 215	980 420	1.470[3] 675
vollstationäre Pflege	monatlich	1.023	1.279	1.470[3]
ab 2010 häusliche Pflege	Sachleistung[1] Pflegegeld[2]	440 225	1.040 430	1.510[3] 685
vollstationäre Pflege	monatlich	1.023	1.279	1.510[3]
ab 2012 häusliche Pflege	Sachleistung[1] Pflegegeld[2]	450 235	1.100 440	1.550[3] 700
vollstationäre Pflege	monatlich	1.023	1.279	1.550[3]

[1] für Pflege-Fachkraft, [2] für Angehörige, [3] im Härtefall etwas mehr

Bei teilstationärer Pflege gelten dieselben Höchstbeträge wie bei der häuslichen Pflege. Doch zunächst bedeutet es mitunter einen harten Kampf, überhaupt eine Leistung zu bekommen: In knapp 30 Prozent der Fälle erkennt der MDK im ersten Anlauf nämlich die Pflegebedürftigkeit nicht an.

Pflegeeinstufung: Zwischen Wunsch und Wirklichkeit

Pflegebedürftigkeit bedeutet einen Bruch mit dem bisherigen Leben. Mutter oder Vater können nicht mehr wie bislang gewohnt ihr Leben eigenständig bewältigen. Aus der zuvor gegenseitigen Hilfe zwischen Eltern und Kindern wird eine einseitige Hilfe der Kinder. Damit kehrt sich im Alter das Prinzip aus der Jugend um. Nun sind die Alten von den Jungen abhängig. Zumeist geht es um die häusliche Pflege. Da werden rund 60 Prozent der vom MDK anerkannten Fälle in Pflegestufe 1 eingestuft, ein weiteres Drittel in Stufe 2 und weniger als zehn Prozent in Stufe 3. Zumeist existiert die Erwartung, in dem schweren Schicksalsschlag höchste Leistungen zu bekommen. Die Realität sieht jedoch anders aus: Denn die Begutachtung konzentriert sich auf den reinen Pflegebedarf. Ausschlaggebend ist leider nicht der Grad der Abhängigkeit, sondern der Umfang der benötigten Hilfe bei Alltagsverrichtungen wie Kämmen, Essen, Toilettengang, Duschen, Anziehen, Treppensteigen usw. Und dafür gibt es dann auch noch knapp bemessene Zeitvorgaben. Natürlich ist Zeit ein eher ungeeigneter Maßstab, um Pflegebedürftigkeit zu beschreiben, zumal diese Tätigkeiten Älteren ohnehin oft schwerfallen und viel Zeit kosten. Aber der Medizinische Dienst muss ja Kriterien finden, die vergleichbar sind. Und orientiert sich am Pflegebedarf pro Zeiteinheit, so unbegreiflich dies zunächst klingt. Bei diesem Maßstab bleiben andere wichtige Punkte unberücksichtigt – da hilft auch keine Beschwerde der Betroffenen oder der pflegenden Angehörigen. So bleibt völlig unberücksichtigt, dass Pflegebedürftige auch häufig so unselbstständig werden, dass die Kommunikation zum Umfeld gestört ist und sie am sozialen Leben nicht oder nur sehr eingeschränkt teilnehmen können. Für Fahrdienste oder Begleitung zu Veranstaltungen zahlt die Pflegeversicherung keinen Cent dazu. Auch für Abhilfe bei vielen anderen Einschränkungen der Lebensführung durch die Gebrechlichkeit ist kein Geld eingeplant. Und auch die Folgen der gesundheitlichen Probleme im psychologischen Bereich sind nicht erfasst: Der Betroffene bleibt mit seiner mangelhaften Krankheitsbewältigung, dem Schmerzerleben und seinen Ängsten weitgehend allein bzw. muss sich selbst um psychologische Betreuung kümmern – natürlich auf eigene Kosten. Diese Mängel hat übrigens eine führende Mitarbeiterin des MDK selbst in einem öffentlichen Vortrag 2008 eingeräumt.

Zusätzlichen Frust schieben Betroffene, die auf Pflege angewiesen sind, aber deren Antrag auf Pflegeleistungen zunächst abgelehnt wird. Sie fühlen sich nicht ernst genommen oder gar als Simulanten abgestempelt.

||| Beispiel Georgia D.

„Seit 2003 gehöre auch ich zu denen, die Leistungen eines ambulanten Pflegedienstes in Anspruch nehmen. Zuvor hatte ich bereits Pflegegeld nach Stufe 1 bezogen, doch wegen meiner verschlechterten Gesundheit schaffe ich das auch mit Hilfe von Freundinnen nicht mehr allein. Und einen Mann habe ich nicht, leider auch keine Kinder. Das frühere Gutachten des MDK hatte mir 1995 für die Grundpflege täglich 47 Minuten zugestanden – für gründliches Waschen bzw. Duschen am Morgen (30 Min.), Katzenwäsche am Abend samt Kämmen (17 Min.), zudem für Hilfe beim Anziehen (8 Min.) und Ausziehen (3 Min.). Ich schaffe das nicht mehr allein, weil meine Störung des Muskelkorsetts inzwischen weiter fortgeschritten ist. Ich beantragte also die Pflegestufe 2, alle Verrichtungen gehen sehr langsam. Ich schätze den Bedarf an täglicher Grundpflege auf inzwischen rund zwei Stunden. Doch was macht der MDK? Er lehnt die Höherstufung trotz progressivem Krankheitsverlauf ab. Schlimmer noch: Der helfende Zeitaufwand für die Grundpflege wird auf unglaubliche 28 Minuten zusammengestrichen.

Natürlich legte ich Widerspruch ein – mit Erfolg. Es sei nicht ganz nachzuvollziehen, dass der Hilfebedarf zwar zugenommen hat, im Bereich der Körperpflege aber ein geringerer Zeitaufwand ausreichen soll, heißt es in der Begründung. Nun werden mir täglich 94 Minuten Hilfe zugestanden.

Das reicht noch nicht für Stufe 2. Leider ist da gar keine Zeit für die Monatshygiene der Frau vorgesehen. Also muss ich erneut widersprechen oder auf ein Wunder hoffen. Auch die spezielle Hebewanne (Medolift) wurde von der Kasse abgelehnt, obwohl ein Gutachter dieses Hilfsmittel für sehr gut geeignet hält und ich ohne medizinische Bäder zur Muskelentspannung nicht auskomme. Ohne diese Spezialwanne benötige ich noch mehr fremde Hilde, was die Pflegekosten natürlich verteuert. Das Geld aus Pflegestufe 1 reicht dazu nicht. Ich müsste dem ambulanten Pflegedienst allein fürs

▶

Duschen/Baden jeden Monat knapp 190 Euro aus eigener Kasse bezahlen – ohne dass damit die restliche Grundpflege und hauswirtschaftliche Versorgung abgesichert wäre. Da ich aber nicht sauber verhungern will, habe ich mich für einen Kompromiss entschieden und lasse mich nur zweimal die Woche waschen/duschen/baden, wobei jede der „ausgebildeten Pflegefachkräfte" über die unmöglichen Gegebenheiten in meinem Bad klagt. Also hoffe ich auf die erneute Begutachtung durch den MDK. Der gesunde Menschenverstand schreit ja nach der Spezialwanne, denn die hätte sich nach nur drei Monaten amortisiert, weil die Pflege kostengünstiger ablaufen könnte als jetzt – ich könnte nämlich wieder allein baden. Also hoffe ich, dass meinem Widerspruch stattgegeben wird. Falls nicht, muss ich wieder mal vor Gericht ziehen."

Apropos Widerspruch

Wenn Sie mit dem Gutachten des medizinischen Dienstes nicht einverstanden sind, können der Betroffene oder Sie als Angehörige Widerspruch einlegen. Das lohnt sich unbedingt: Wer sich nicht wehrt, muss alle Pflegeleistungen aus eigener Tasche bezahlen. Die Erfahrungen zeigen, dass knapp 30 Prozent der Fälle im ersten Anlauf abgelehnt werden. Nur durch Widerspruch kommt es zu einer erneuten Begutachtung. Hier waren letztlich knapp 50 Prozent der Betroffenen erfolgreich und bekamen die Pflegestufe 1 zuerkannt. Widerspruch muss – ähnlich wie bei Ämtern und den anderen Zweigen der Sozialversicherung – innerhalb eines Monats, nachdem Sie die Ablehnung erhalten hatten, bei der gesetzlichen bzw. privaten Pflegekasse eingelegt werden. Damit erreicht man, dass der MDK bzw. Medicproof (bei privater Pflegepflichtversicherung) einen zweiten Gutachter beauftragen oder dass nach Aktenlage neu entschieden wird. Zwar kennen private Versicherer formal solche Widerspruchsverfahren gar nicht, aber auch dort kann man sich beschweren. Falls das Gutachten aus Ihrer Sicht der tatsächlichen Situation widerspricht, ist es zweckmäßig, konkrete Fakten und Argumente im Widerspruch anzuführen (siehe Musterbrief Seite 71).

Übrigens: Die Pflegekasse muss Ihnen Beratungskosten ersetzen, wenn Ihr Widerspruch Erfolg hat. Wird der Widerspruch zurückgewiesen, bleibt nur noch eine Klage vor dem zuständigen Sozialgericht. Die Klagefrist und der Name des zuständigen Gerichts sind im Widerspruchsbescheid der Kasse aufgeführt (Rechtsbelehrung).

Faustregel: Die Klage muss in der Regel spätestens vier Wochen nach Erhalt des Ablehnungsbescheides eingereicht werden, sonst geht der Rechtsanspruch unwiederbringlich verloren. Spätestens im Falle einer Ablehnung des Widerspruchs sollten Sie sich mit einem auf Sozialrecht spezialisierten Rechtsanwalt beraten. Die Klage können Betroffene oder Angehörige auch ohne Anwalt beim zuständigen Sozialgericht einreichen – es besteht kein Anwaltszwang. Die Vergangenheit hat gezeigt, dass es hin und wieder fruchtbar war, statt eine Klage zunächst eine Dienstaufsichtsbeschwerde oder einer Beschwerde bei der übergeordneten Aufsichtsbehörde – dem Bundesversicherungsamt – einzureichen oder eine solche Beschwerde zumindest anzukündigen. Dies kann das Anliegen befördern, aber dafür gibt es keine Gewähr.

Musterbrief

Name, Absender

Pflegekasse ...

Ort, 01.12.2008

Widerspruch zur Ablehnung des Pflegeantrages vom _____

Sehr geehrte Damen und Herren!

hiermit lege ich Widerspruch gegen die Ablehnung meines Pflegeantrages ein, der mir am _____ zugegangen ist.

Wie schon im Antrag begründet, kann ich folgende Verrichtungen des täglichen Lebens nicht mehr ohne fremde Hilfe bewältigen:

- Ernährung
- Körperpflege
- Bewegung (Mobilität)
- hauswirtschaftliche Versorgung
- sonstiges _____

Bitte senden Sie mir so schnell wie möglich eine Durchschrift des Gutachtens des Medizinischen Dienstes (MDK) zu, um genau zu erfahren, warum der Antrag abgelehnt wurde. Wenn ich das Gutachten erhalten habe, werde ich den Widerspruch gegebenenfalls noch ausführlicher begründen. Dann werde ich auch in Rücksprache mit meinem Hausarzt oder anderen behandelnden Ärzten medizinische Unterlagen zur Verfügung stellen, die das Krankheitsgeschehen und den Pflegebedarf belegen können. Ab sofort führe ich auch ein Pflegetagebuch, in dem alle Hilfeleistungen – inklusive der benötigten Zeit – notiert werden.

Mit freundlichen Grüßen

Lücken der gesetzlichen Pflegeversicherung

Die gesetzliche Versicherung ist ebenso wie die Pflichtversicherung für Privatversicherte kein Vollkaskoschutz im Pflegefall. Davon kündet auch die Erfahrung von Elfriede P. mit ihrer Versorgung durch einen Pflegedienst.

||| **Beispiel Elfriede P.**

„Meine Pflege erfolgt täglich im Minutentakt – waschen, anziehen, frühstücken und alles hopp, hopp, hopp. Dauert es etwas länger, als nach den Grundpflegerichtlinien vorgesehen, gibt es Zeitnot. Gespräche und Nachfragen bleiben auf der Strecke. Das ist auch für den Pfleger sehr belastend, aber nicht zu ändern. Dabei habe ich noch Glück, denn in Pflegestufe 3 werden für mich fünf Stunden pro Tag von der Kasse bezahlt. Davon müssen mindestens vier Stunden für die Grundpflege verwendet werden, die letzte Stunde gilt den hauswirtschaftlichen Dingen. Diesen zeitlichen Aufwand kann der Pflegedienst aber gar nicht leisten. Vielmehr muss ich ab 12 Uhr mittags oft bis 19 Uhr ohne Toilettengang auskommen. Ist der Pflegedienst dagegen mit anderen Patienten schneller fertig als geplant, kann es passieren, dass ich bei schönstem Wetter bereits um 18.15 Uhr für das Bett fertig gemacht und ins Bett gebracht werde. Die Pflege läuft in einem Schnellverfahren ab, bei dem vieles auf der Strecke bleibt und manches den Begriff Pflege nicht verdient. Ich muss Windeln tragen, weil der Pflegedienst nur dreimal am Tag kommt. Der Toilettengang lässt sich nicht immer nach Zeiten planen. So trinke ich lieber sehr wenig, damit ich nicht stundenlang in einer nassen Windel sitze. Wer hat sich das nur ausgedacht? Für Entsorgung von Ausscheidungen oder Inkontinenzartikeln plant die Kasse zwei Minuten Zeit und bezahlt dem Pflegedienst 0,88 Euro. Mundgerechtes Herrichten der Nahrung und Getränke darf fünf Minuten dauern und wird mit 2,20 Euro entlohnt. Für persönliche psychosoziale Betreuung darf der Pflege-

▶

dienst immerhin 4,35 Euro pro angefangene zehn Minuten in Rechnung stellen. Dieses perfide System wird immer ausgefeilter. Ich bin mit den Nerven bald am Ende. Diesen Lebensabend wünsche ich meinem schlimmsten Feind nicht."

Leistungen anderer Träger

Doch es fehlt nicht nur an Zeit zum Zuhören und für Zuspruch. Auch die Leistungen sind begrenzt, da nur ein bestimmtes Zeitkontingent bezahlt wird. Damit stellt sich für Betroffene und Angehörige die Frage, ob es anderswo zusätzliche Hilfe gibt. Und was die kostet? Das soziale Netz ist an dieser Stelle recht engmaschig, fängt Betroffene außer bei ausgewählten Leistungen der Krankenkasse im Prinzip leider nur bei Bedürftigkeit auf. Wer also Einkommen oder Rente ab etwa 800 Euro aufwärts hat oder Vermögen über 2.600 Euro, muss sich angemessen an den Kosten beteiligen. Nennenswert sind insbesondere „Hilfe zur Pflege" und „Grundsicherung".

Hilfe zur Pflege

Reichen die Leistungen der Pflegeversicherung nicht aus, können Sie zusätzlich „Hilfe zur Pflege" beim Sozialhilfeträger beantragen. Damit wird auch die fehlende Unterstützung bezahlt, die über die Grundabsicherung der Pflegekasse hinausgeht. Unterm Strich ist damit der tatsächlich notwendige Pflegebedarf entsprechend der vorhandenen Pflegestufe abgedeckt. Diese ergänzenden Leistungen oberhalb des Budgets der Pflegeversicherung werden in jedem Fall gewährt; die Kosten stehen jedoch unter dem Vorbehalt der finanziellen Rückforderung – auch von Angehörigen ersten Grades. Geboten werden Hilfen bei häuslicher Pflege, Hilfsmitteln, teilstationärer Pflege, Kurzzeitpflege und vollstationärer Pflege. Günstig: Das Sozialamt leistet auf Antrag bereits Hilfe, wenn noch gar keine Pflegeeinstufung durch den medizinischen Dienst vorliegt. Bereits bei geringerem Hilfebedarf kann geholfen werden.

Hier hilft das Sozialamt bereits vor der Pflegeinstufung:

- Pflegebedürftigkeit besteht für weniger als sechs Monate, etwa nach schwerer Erkrankung oder einem Unfall.

- Hilfebedarf für Grundpflege und hauswirtschaftliche Versorgung ist geringer als zur Anerkennung von Pflegestufe 1 nötig (weniger als 46 bzw. 44 Minuten).

- Es besteht keine Pflegeversicherung.

- Vorversicherungszeit für Pflegeversicherung ist noch nicht erfüllt (innerhalb der letzten zehn Jahre vor dem Pflegeantrag müssen mindestens zwei Jahre Zugehörigkeit zur Pflegeversicherung vorliegen).

- Es besteht Hilfebedarf für Verrichtungen, die nicht im „Katalog" der Pflegeverscherung aufgeführt sind, etwa: Hilfen bei Maniküre und Pediküre oder Unterstützung zur sozialen Kommunikation, Bildung und Freizeitgestaltung.

Bemerkenswert: Das Statistische Bundesamt hat im Sommer 2008 aufschlussreiche Zahlen zur „Sozialen Mindestsicherung in Deutschland" vorgelegt. Danach erhalten rund 366 000 Menschen Hilfe zur Pflege (nach Kapitel 7 SGB XII). 80 Prozent davon sind älter als 65 Jahre. Im Schnitt ist jeder Empfänger sogar 75 Jahre alt. Sechs von zehn Fällen betreffen Frauen. Und jeder Dritte befand sich zumindest vorübergehend in stationärer

Pflege. Die meisten Fälle gibt es in Bremen und Berlin mit jeweils über neun Betroffenen pro 1 000 Einwohner. Dafür werden über drei Milliarden Euro pro Jahr ausgegeben. Aber wie schon erwähnt: Die Hilfe bekommt nur derjenige, der finanziell bedürftig ist und bei dem die Pflegeversicherung nicht oder nicht ausreichend hilft.

Grundsicherung

Seit 2003 gibt es eine finanzielle Grundsicherung für Ältere ab 65 Jahren (bei Erwerbsunfähigkeit ohne Altersbegrenzung). Sie wird wie eine normale Altersrente bezahlt und für ein Jahr im Voraus festgelegt, aber grundsätzlich lebenslang gezahlt. Damit soll verschämter Altersarmut vorgebeugt werden. Das Geld stellt der Bund aus Steuermitteln zur Verfügung. Wird Ihnen eine Rente aus der gesetzlichen Rentenversicherung bewilligt, deren Höhe unter 710 Euro bleibt, fügt der Rentenversicherungsträger gleich einen Antrag auf Grundsicherung bei. Zuständig ist das Sozialamt, Bereich Grundsicherung. Dabei erfolgt – anders als bei der Sozialhilfe – kein Rückgriff auf die nächsten Angehörigen. Voraussetzung: Das Jahreseinkommen der Kinder liegt unter 100.000 Euro. Und der Rentner selbst muss bedürftig sein, darf also nur über ein sehr bescheidenes Einkommen (einschließlich Rente) verfügen, das zum Unterhalt nicht reicht, sowie ein sehr bescheidenes Vermögen besitzen. Für Geldbeträge liegt die Höchstgrenze bei 2.600 Euro bzw. 3.214 Euro (Ehepaare und eheähnlichen Partnerschaften). Eigenes Einkommen wird angerechnet. Liegt das eigene Einkommen unter der Grundsicherung, wird entsprechend aufgestockt. Ehegatten oder Partner einer eheähnlichen Gemeinschaft (sei 2005 auch eingetragene Partnerschaften) sind sich gegenseitig zum Unterhalt verpflichtet. Das bedeutet, dass sowohl Einkommen als auch Vermögen des Partners einbezogen werden.

Wunder sollten Sie jedoch erwarten: Die Grundsicherung entspricht in etwa der früheren Sozialhilfe. Es kommen allerdings noch Zuschläge hinzu:

- 15 Prozent Ausgleich für besondere Leistungen der Sozialhilfe – wie Wintermantel oder Waschmaschine,
- Zuschlag für angemessene tatsächliche Kosten für Miete und Heizung,
- Beiträge zur gesetzlichen Kranken- und Pflegeversicherung,
- 17 Prozent Mehrbedarf des Regelsatzes für Schwerbehinderte (Zeichen „G" im Ausweis).

Details nennt die Broschüre „Die Grundsicherung: Hilfe für Rentner", die immer wieder aktualisiert wird und die es kostenlos bei allen Rentenversicherungsträgern gibt. Sie kann auch per Internet bestellt oder direkt auf Ihren PC heruntergeladen werden: www.drv-bund.de

Das Statistische Bundesamt hat 2008 Zahlen zur Grundsicherung vorgelegt. Danach erhalten 371 000 Menschen über 65 diese Grundsicherung (nach Kapitel 4 SGB XII). das sind bundesweit 2,3 Prozent aller Einwohner dieser Altersgruppe. Die meisten Fälle gibt es in Bremen, Hamburg und Berlin mit jeweils über 4,3 Betroffenen der Altersgruppe ab 65 Jahren. Der durchschnittliche Bedarf (Regelbedarf nach Sozialhilfe zuzüglich Unterkunft, Heizung, Sozialversicherung und Mehrbedarfszuschlägen) liegt bei 627 Euro pro Monat. Unter Anrechnung eigenen Einkommens, insbesondere Altersrente, erhalten Grundsicherungsempfänger ab 65 im Schnitt 381 Euro pro Monat ausgezahlt. Aber wie schon erwähnt: Grundsicherung bekommt nur derjenige, der finanziell bedürftig ist, weil er kaum über Vermögen und nur eine sehr geringe Rente von unter 700 Euro verfügt.

||| **Beispiel Katarina L.**

„Mein Vater war gerade 80 Jahre alt geworden und fühlte sich ziemlich fidel. Kurze Zeit später passierte es: Schlaganfall! Nach der Klinik folgte eine mehrwöchige Rehabilitation. Danach sollte der verwitwete Vater aber wieder in seine Wohnung zurückkehren. Tatsächlich erholte er sich sehr schnell. Meine Schwester, mein Bruder und ich – allesamt zwischen 40 und 50 Jahre alt und beruflich fest im Sattel – wollten die Hilfe familiär organisieren. Kein ganz einfaches Unterfangen, wohnen wir alle zwar in der Nähe, doch in einem Radius von über 60 Kilometern von der väterlichen Wohnung entfernt. Also wurde zunächst kräftig organisiert: tägliche Pflege, Einkäufe, zwischendurch der Umbau der Wohnung. Keine sechs Monate später gingen alle am Stock. Mein Vater, vom Schicksalsschlag ohnehin deprimiert, war höchst unleidlich und anstrengend. Und wir drei sind mächtig ausgelaugt. Die Aufgabe, für den Vater zu sorgen, uns um unsere Familien zu kümmern und auch noch den Beruf unter einen Hut zu bekommen, drohte zu scheitern. Eine professionelle Pflegekraft musste her, bevor eine Katastrophe passierte. Alle waren am Ende ihrer Kräfte. Doch die Leistungen der Pflegekasse und die Zuschüsse von uns Kindern reichten nicht aus, um eine 24-Stunden-Betreuung durch einen Pflegedienst zu beschaffen. Also suchten wir nach einem Ausweg, fanden uns jedoch bald in der Illegalität wieder – mit einer Pflegehilfe aus Osteuropa."

Wenn die schlechten Zeiten von Dauer sind

Für viele Menschen regelt sich der Alltag nach einem Unfall oder überstandener Krankheit auch im Alter zwischen 60 und 70 wieder. Es ist zwar vorübergehend Hilfe und mitunter auch Pflege nötig, aber am Ende geht das Leben erst einmal auf eigenen Füßen weiter. So viel Glück hat aber nicht jeder. Für Sie als Angehörige kann die Sorge um einen pflegebedürftigen Elternteil zu einer großen emotionalen Belastung werden.

||| Beispiel: Eine Tochter (56) berichtet

„Vor drei Jahren ist meine Mutter Mathilde G. zum ersten Mal in ihrer Wohnung gestürzt – Oberschenkelhalsbruch. Bis dahin hatte ich großes Glück, denn sie hatte im Prinzip alles im Griff: Mit 83 versorgte sie sich selbst, ging einkaufen, hat saubergemacht. Täglich gelang ihr das Duschen ohne mein Zutun. Nur das Fensterputzen und Staubsaugen war meine Aufgabe. Da ihr Knie schon damals kaputt war, besaß sie bereits Pflegestufe 1. Dennoch hat sie die vier Etagen in ihre Wohnung immer noch leidlich geschafft. Nach dem Oberschenkelbruch sah es zunächst so aus, als käme alles wieder so wie vor dem Unfall in Ordnung. Noch während ihrer Rehabilitation ließ ich die Wohnung umbauen. Fortan gab es keine Schwellen mehr. Auch ein spezielles Bett beschaffte ich und organisierte einen Essensservice. Vorsorglich suchte ich einen guten Pflegedienst und wurde auch fündig. Dazu eine Fußpflegerin und einen Friseur. Eigentlich war an alles gedacht – dachte ich. Nicht lange nach der Rückkehr aus der Reha stürzte meine Mutter erneut. Dabei brach die Hüfte – der Anfang vom Ende ihres Lebens in den eigenen vier Wänden. Es folgte eine Reihe von Klinikaufent-

▶

halten. Als sie sich dann in einem Krankenhaus zum zweiten Mal die Hüfte brach, wusste ich, dass sie nie mehr allein zu Hause bleiben könnte. Nach der letzten Rehabilitation kam sie direkt ins Heim. Das war ihr anfangs gar nicht recht, denn sie fühlte sich geistig topfit. Auch ich verspürte eine große Unsicherheit. Würde sie sich einleben oder sofort stark abbauen? Und würde das Geld reichen? Meine Mutter bekommt 780 Euro Rente. Dafür findet man nur mit Glück ein gutes Heim. Und bei Pflegestufe 2 bleiben ohnehin noch Wünsche offen. Ich hatte nicht wirklich Glück; manche Versprechungen der Heimleitung waren nichts als Sprüche. Wenig Zuwendung, kaum frische Luft, mäßiges Essen. Auch der geistige Abbau meiner Mutter macht mir zu schaffen. Nach knapp einem Jahr versuchte sie, sich mit einem Obstmesser das Leben zu nehmen. Wie man hört, lebt derjenige weiter, der sein erstes Jahr im Heim übersteht. Da bin ich ja guter Hoffnung, zumal sie jetzt Anschluss unter den anderen Bewohnern gefunden hat. Es sei ein bisschen wie zu Hause, sagt sie heute. Daran haben wir aber auch viel gearbeitet: Jeden Sonntag ist bei mir Muttertag – immer mit dem gleichen Programm. Erst mal raus an die Luft, egal bei welchem Wetter. Und dann fahre ich sie in ihrem Rollstuhl spazieren. Meist landen wir in einem Cafe in der Nähe des Heims. Es gibt nicht nur tollen Kuchen, sondern auch eine Behindertentoilette. Das sind die kleinen Freuden, die den Lebensabend aufhellen können."

Überzeugungsarbeit leisten

Das Beispiel von Mathilde G. zeigt: Der Bruch im Leben ist mitunter so radikal, dass der Umzug ins Heim wie ein Todesurteil empfunden wird. Die Einsicht, dass es in der eigenen Wohnung zu riskant geworden ist, muss gerade bei den Eltern, die in die Jahre gekommen sind, erst langsam reifen. Auch andere Hilfen, insbesondere Rollator, Pflegebett oder Rollstuhl, werden zunächst nicht als Erleichterung empfunden, sondern häufig als Folterinstrumente betrachtet, mit denen der Abschied vom selbstbestimmten Leben unübersehbar wird. Das gesteht sich niemand gerne ein. So merkwürdig es auch klingt: Erwachsene Kinder und Freunde der Familie sind gut beraten, psychologische Tricks anzuwenden, mit denen man vor allem bei kleinen Kindern Erfolg hat.

So überzeugen Sie Ihre Mutter oder Ihren Vater davon, sich helfen zu lassen:

- Tragen Sie Argumente zusammen, die belegen, dass verschiedene Verrichtungen nicht mehr klappen. Beispiel: Er kann nicht mehr allein einkaufen oder tut sich schwer, den Müll herunterzubringen. Selbst wenn es an der Wohnungstür klingelt, dauert der Gang so lange, dass der Gast schon wieder umgekehrt ist.
- Versetzen Sie sich in die Rolle des anderen. Überlegen Sie sich, welche Argumente Sie als das längst erwachsene „Kind" überzeugen würden, die Notwendigkeit von Hilfe zuzugeben und die Pflegehilfen zu akzeptieren.
- Möglicherweise müssen Sie weitere Argumente suchen. Zum Beispiel: Nur mit Rollator ist eine gewisse Beweglichkeit gesichert, die auch soziale Kontakte in der Nachbarschaft oder den Gang zum Friseur erlaubt. Oder: Mit Rollator lässt sich auch der Einkauf bequem erledigen, weil ein Einkaufsnetz dazugehört und sogar ein Sitz, falls man sich unterwegs ausruhen muss.
- Wählen Sie die neuen Argumente aus und ordnen sie erst mal für sich ein: Was „zieht" bei Mutter oder Vater am meisten? Womit vergraule ich sie? Wichtig für die Diskussion: Begin-

nen Sie nie mit dem stärksten Argument. Besser vorsichtig beginnen.

- Sprechen Sie den Elternteil in einer günstigen Situation an. Ideal ist ein gemeinsamer Spaziergang oder die Zeit nach dem Abendessen. Wichtig ist, Ruhe und Geduld zu bewahren. Beispiel: „Hast du mal Zeit? Da ist was, worüber ich schon länger reden wollte. Es geht um deinen Gesundheitszustand. Ich mache mir Sorgen, dass du bald ohne Hilfe nicht mehr auskommst. Wollen wir uns nicht mal gemeinsam nach praktischen Hilfen erkundigen?"

- Jetzt sind Mutter oder Vater am Zug. Auf diese Fragen lässt sich nicht einfach mit „ja" oder „nein" antworten, es zählen nur Argumente. So kommt ein Gespräch in Gang und damit womöglich eine Lösung in Sicht.

Hilfsmittel für Pflegebedürftige

Zu den Leistungen der Pflegeversicherung gehören auch Pflegehilfsmittel. Sie sollen die Pflege erleichtern, Beschwerden lindern und die selbstständige Lebensführung weitgehend erhalten. Ob und welche Hilfsmittel geeignet sind, lässt sich häufig nicht ohne kompetente Beratung beurteilen. Beratung bieten Pflegedienste, Kassen, Verbände oder Selbsthilfegruppen. Unterschieden werden drei Gruppen:

- zum zumeist einmaligen Verbrauch bestimmte Hilfsmittel,
- technische Hilfen (Seite 54),
- Maßnahmen zur Verbesserung des individuellen Wohnumfeldes (Seite 127).

Ziel ist es, die selbstständige Lebensführung und die sozialen Kontakte weitgehend zu erhalten.

Verbrauchshilfsmittel wie etwa Bettschutzeinlagen oder Windeln können aus hygienischen Gründen nur einmal benutzt werden. Dafür zahlen die Kassen aber maximal 31 Euro pro Monat. Wer sich schon mal im Sanitätsfachhandel die Preise angesehen hat, weiß, dass dieser Zuschuss nur ein Tropfen auf dem heißen Stein ist. Ein Ausweg: Man lässt sich vom Arzt Windeln verschreiben; die werden nämlich von der Krankenkasse bezahlt.

Erlaubte Pflegehilfsmittel sind in einem speziellen Pflegehilfsmittelverzeichnis aufgelistet, das auch im Internet nachzulesen ist (zum Beispiel unter http://www.internet.ikk.de/himi/). Gutachter prüfen im Zusammenhang mit der Pflegebedürftigkeit, ob solche Hilfsmittel zur Versorgung oder als Maßnahme zur Verbesserung des Wohnumfeldes nötig sind. Danach prüft die gesetzliche bzw. private Pflegekasse, ob sie die Kosten dafür übernimmt. Für technische Hilfsmittel muss der Betroffene zehn Prozent des Kaufpreises zuzahlen, höchstens jedoch 25 Euro pro Hilfsmittel. Für Verbesserungen im Wohnumfeld wie rollstuhlgerechte Türverbreiterungen oder einen Treppenlift können die Kassen bis zu 2.557 Euro je Maßnahme zuschießen. Wieder beträgt der Eigenanteil zehn Prozent der Kosten, darf jedoch bis zu 50 Prozent der monatlichen Bruttoeinnahmen des Pflegebedürftigen zum Lebensunterhalt betragen! Da technische Hilfsmittel meist sehr teuer sind, werden sie von der Kasse häufig nur verliehen. Vorteil: Dafür entfällt der Eigenanteil des Pflegebedürftigen. Auch für Pflegehilfsmittel muss ein Antrag gestellt werden (siehe Musterbrief Seite 84).

Musterbrief

Name, Absender

Pflegekasse ...

Ort, 01.12.2008

Antrag auf Pflegehilfsmittel

Sehr geehrte Damen und Herren!

hiermit beantrage ich die   ☐ Kostenübernahme
                                         ☐ Bereitstellung

eines/einer:

☐ Verbrauchsmittels in Form von _____

☐ technischen Hilfsmittels in Form von _____

☐ Verbesserung des Wohnumfeldes in Form von

_____

Dies ist nötig, weil nur so

☐ die häusliche Pflege erst ermöglicht wird,

☐ häusliche Pflege erheblich erleichtert wird (beugt Überforderung des Pflegers vor),

☐ eine selbstständige Lebensführung ermöglicht und die Abhängigkeit von der Pflegekraft verringert wird.

Mit freundlichen Grüßen

Datum   Unterschrift

Auswahl des Pflegedienstes

Seit 2009 haben gesetzlich und privat Pflegeversicherte Anspruch auf individuelle Beratung und Hilfestellung durch qualifizierte Pflegeberater. Die gesetzlichen Kassen haben dafür Pflegestützpunkte eingerichtet, die privaten Pflegepflichtversicherer schicken ihre Pflegeberater ins Haus. Sie koordinieren auf Wunsch des Einzelnen auch das gesamte Leistungsspektrum für den Pflegebedürftigen. Somit müssen nicht mehr verschiedene Instanzen aufgesucht werden, wenn man Leistungen zur Behandlung von Erkrankungen, Hilfe bei der Pflege und von der Altenhilfe beantragen will. Gut zu wissen, was die Beratung leisten kann und was nicht.

Dies kann die Pflegeberatung leisten[1]:

- Hilfebedarf unter Berücksichtigung des Gutachtens des medizinischen Dienstes systematisch erfassen und analysieren,
- individuellen Versorgungsplan mit allen erforderlichen Leistungen und Hilfen erstellen,
- aller Maßnahmen veranlassen, um den Plan zu erfüllen (einschließlich Genehmigungen),
- Überwachung und gegebenenfalls Anpassung des Bedarfs, um den Plan zu erfüllen,
- Auswertung und Dokumentation der Hilfe in komplexen Fällen.

Bei dieser Beratung kommt sicherlich auch die wichtige Frage auf den Tisch, wie man einen guten Pflegedienst findet. Aber Vorsicht: Kommt der medizinische Dienst hinterher zu dem Schluss, dass nur geringfügige oder lediglich kurzfristige Hilfe

---

[1] Quelle: § 7a SGB XI

erforderlich ist, bezahlt die Pflegekasse keinen Cent. Das ist leider auch dann der Fall, wenn nur Hilfebedarf bei der hauswirtschaftlichen Versorgung anerkannt wird, aber keinerlei echte Pflege (Grundpflege). Da bis zur Entscheidung durchaus mehrere Wochen vergehen, bleibt das Kostenrisiko zunächst bei den betroffenen Familien. Daher übernehmen Angehörige in vielen Fällen die Pflege am Anfang selbst.

Lassen Sie sich bei der Wahl eines Pflegedienstes von Kasse, Sozialamt, Bürgerberatungsstelle oder den Wohlfahrtsverbänden helfen. Sie geben Auskunft über örtliche Sozialstationen und Pflegedienste sowie über deren Preise. Mitunter stellen ambulante Pflegedienste den Betroffenen noch nicht gleich eine Rechnung, sofern noch keine Pflegeeinstufung erfolgt ist. Liegt der Bescheid vor, wird diese so genannte Sachleistung des Pflegedienstes ohnehin direkt mit der Kasse abgerechnet. Wie die Stiftung Warentest berichtet, sind „private Pflegedienste oft günstiger als Sozialstationen".

Ambulante Pflegedienste versorgen und pflegen alte, kranke und behinderte Menschen zu Hause. Sie beschäftigen qualifiziertes Alten- und Krankenpflegepersonal sowie geschulte Hilfskräfte. Der Einsatz ist sinnvoll, um die Versorgung und Pflege sicherzustellen, wenn Sie als Angehöriger dies nicht oder nicht allein bewältigen. Jede Leistung wird im Rahmen der der schon beschriebenen „Leistungskomplexe" erbracht und abgerechnet. Wie hoch die Gesamtkosten ausfallen, hängt davon ab, welche Leistungen wie häufig erbracht werden.

Bevor Sie einem Pflegedienst den Auftrag geben, sich um einen Elternteil zu kümmern, sollten Sie folgende Fragen klären.

- Ist der Pflegedienst zugelassen?
- Welches Leistungsangebot steht zur Verfügung?
- Wird ohne Probleme ein Kostenvoranschlag zugesagt?
- Wie häufig wechselt das Personal, wie lange dauern die Schichten?
- Wer konkret wird die Pflege ausführen (Qualifikation)?
- Sind Absprachen zu täglichem Zeitpunkt der Pflege möglich oder nicht?
- Gibt es einen jederzeit erreichbaren Ansprechpartner?

Noch besser ist es, wenn Sie von anderen Betroffenen hören, wie dieser Pflegedienst arbeitet. Hören Sie sich deshalb auch bei Bekannten mit ähnlichen Problemen um.

Professionelle Pflege

Bei der Pflege zu Hause kommt auf Mutter oder Vater im Pflegefall einiges zu, aber auch Töchter und Söhne kommen zunächst nicht zur Ruhe. Die Aufgaben der ersten Tage sind so ungewohnt, dass womöglich wichtige Dinge vergessen werden. Sprechen Sie daher stets mit dem behandelnden Arzt, insbesondere dem Hausarzt. Der weiß zumeist ganz genau, was als Nächstes zu tun ist. In den meisten Fällen lohnt es, frühzeitig einen Pflegeantrag zu stellen. Es kann durchaus passieren, dass zwar die Pflegeberatung durch die Kasse einen guten Eindruck hinterlassen und brauchbare erste Hilfe ermöglicht hat, aber kurzfristig vorbeugende Pflegeleistung zunächst verweigert wird. Einen solchen Fall schildert der bekannte Sozialkritiker Claus Fussek aus München, dem Juliane K. geschrieben hat.

||| Beispiel Lisa K.

„Meine Mutter Lisa ist 93 Jahre alt. Bis vor zwei Jahren konnte sie ihr Leben noch ganz allein bewältigen. Inzwischen hat sich ihr Leiden aber drastisch verschlimmert. Die Osteoporose führte schließlich zur Pflegebedürftigkeit. Zu allem Unglück ist sie in der Zeit gleich zweimal gestürzt und brach sich dabei jedes Mal den Oberschenkelhals. Trotz Operationen bleiben Behinderungen. Heute braucht sie Hilfe in jeder Lebenslage – so vor allem auch beim Treppensteigen. Selbst den Stadtbummel, den sie über alles liebt, kann sie ohne Begleitung nicht mehr machen. Zu groß ist das Risiko, dass sie erneut unglücklich hinfällt und sich womöglich die Hüfte oder gar das Genick bricht. Ihre Knochen sind anfälliger als bei einem Kleinkind. Natürlich weiß ich, dass Ältere häufig stürzen und sich schlimmere Verletzungen zuziehen, als dies bei uns Jüngeren zu befürchten ist. Jeder Zweite erlangt nach solch einem Unfall nicht mehr seine frühere Beweglichkeit zurück. So ging es auch meiner Mutter. Aus Angst ziehen sich viele gar aus dem öffentlichen Leben zurück und flüchten sich in die Isolation. Auch meine Mutter Lisa überlegt sich heute zweimal, ob sie tatsächlich vor die Tür geht und sich dazu mit mir verabredet. Was ich aber nicht verstehe: Wenn so viele Stürze passieren, die dann teure Operationen und Rehabilitationen nach sich ziehen, warum wird dann so wenig Vorbeugung betrieben? Ich habe gehört, dass mit so genannten Hüftprotektoren die Hälfte aller Oberschenkelhalsbrüche verhindert werden könnte. Die kosten rund 120 Euro, eine Operation dagegen 10.000 Euro und mehr. Dennoch hat die Pflegekasse meiner Mutter die Protektoren nach der ersten Operation nicht bewilligt. Fadenscheinige Begründung: Dies sei keine Behandlungsmethode zur Therapie eines erhöhten Sturzrisikos. Die Protektoren dienten damit also nicht der gezielten Behandlung, sondern nur zur Minderung der Unfallfolgen. Folglich würden sie nicht Bestandteil des Leistungskataloges der Kranken- und auch nicht der Pflegekasse sein. Das kann ich nicht verstehen. Die

▶

Kassen verschwenden nicht nur Millionen an Beiträgen, wenn sie es auf jeden weiteren Sturz ankommen lassen, sondern stiften irgendwie auch zur Körperverletzung an."

Organisationen, die den Alltag erleichtern

Neben den neuen Pflegestützpunkten und den Pflegeberatern der privaten Pflegeversicherung gibt es traditionell andere Einrichtungen, Vereine und Selbsthilfegruppen, an die sich Pflegebedürftige oder deren Angehörige wenden können.

Wohlfahrtsverbände

Die Verbände der freien Wohlfahrtshilfe sind Privatorganisationen, die sich als Ergänzung zur staatlichen Fürsorge verstehen. Dazu zählen Hilfsorganisationen wie Deutsches Rotes Kreuz (DRK), Malteser Hilfsdienst (MHD), Johanniter Unfallhilfe (JUH) und Arbeiter-Samariter-Bund (ASB). Sie betreiben auch eigene Altenwohn- und Pflegeheime, die allerdings in Kontrollen keineswegs besser abschneiden als rein privatwirtschaftlich organisierte Heime. Immerhin sorgen sie für die Ausbildung von Pflegehelfern und Altenpflegern. Bei ihnen können Angehörige auch Pflegekurse absolvieren. Die kirchlichen Verbände Caritas, der Deutsche Paritätische Wohlfahrtsverband (DPWV) und das Diakonische Werk sowie die Arbeiterwohlfahrt (AW) betreiben Sozialarbeit. Der Staat unterstützt dies durch Zuschüsse. Im Zusammenhang mit dem Pflegefall wichtige Internet-Adressen:

- Arbeiterwohlfahrt: www.awo.org
- Bundesarbeitsgemeinschaft der Freien Wohlfahrtspflege: www.bagfw.de
- Arbeiter-Samariter-Bund: www.asb.de
- Deutscher Caritasverband: www.caritas.de
- Diakonisches Werk der Evangelischen Kirche: www.diakonie.de

Sozialer Dienst

Viele größere Krankenhäuser bieten einen Sozialen Dienst an. Die dort beschäftigten Sozialarbeiter und Sozialpädagogen geben Auskunft über mögliche Hilfen und beraten auch bei der Auswahl ambulanter Krankenpflegedienste. Somit ist auch eine Unterstützung der Familie in der ungewohnten Lebenssituation vor Ort gewährleistet – als Schaltstelle, die den Kontakt zwischen dem Hilfesuchenden und den zuständigen Sozialeinrichtungen und Wohlfahrtsverbänden vermittelt.

Sozialstationen und private ambulante Dienste

Sozialstationen sind Einrichtungen des Staates. Sie sind sowohl Beratungsstellen als auch selbst in der Pflege tätig. Die Pfleger arbeiten mit Sozialämtern, Krankenkassen, Krankenhäusern und privaten Organisationen wie den Wohlfahrtsverbänden und der Nachbarschaftshilfe zusammen. Konkurrenz bilden private ambulante Pflegedienste, die dieselben Leistungen wie die Sozialstationen anbieten, mitunter deutlich preisgünstiger.

Pflegeleistungen der Sozialstationen und Pflegedienste:

- Häusliche Pflege (gemäß Pflegestufen)
- Pflege und Betreuung behinderter oder sterbender Menschen
- Beratung pflegender Angehöriger
- Psychosoziale Beratung
- Rehabilitationsmaßnahmen
- Hol- und Bringdienste
- Mahlzeitenversorgung
- Tages- und Kurzzeitpflege
- Familienpflege

Nachbarschaftshilfe

In vielen Gemeinden wurden Nachbarschaftsprogramme entwickelt. Freiwillige Helfer erledigen Besorgungen und kleinere Reparaturen im Haus, machen Gartenarbeiten oder entlasten pflegende Angehörige. Den freiwilligen Helfern – meist Schüler, Studierende, Hausfrauen und Rentner – erhalten zumeist ein kleines Taschengeld von oft fünf bis acht Euro pro Stunde. Angebote haben Gemeindeverwaltung oder Sozialstation parat.

Selbsthilfegruppen

Wenn Sie sich für die häusliche Pflege eines Angehörigen entschieden haben, sollten Sie frühzeitig Kontakt zu einer Selbsthilfegruppe oder einem speziellen Interessenverband suchen. Dort lassen sich Erfahrungen austauschen und zusätzliche Hilfen finden. Kontakte gibt es über Kirchen, Hilfsorganisationen und Sozialstationen. Im Zusammenhang mit dem Pflegefall wichtige Internet-Adressen:

- Deutsche Arbeitsgemeinschaft Selbsthilfegruppen:
  www.dag-selbsthilfegruppen.de
- Volkssolidarität Bundesverband: www.volkssolidarität.de
- Bundesarbeitsgemeinschaft der Seniorenorganisationen:
  www.bagso.de
- Bundesinteressenvereinigung der Altenheimbewohner:
  www.biva.de
- Sozialverband Deutschland: www.reichsbund.de
- Sozialverband VdK Deutschland: www.vdk.de

Private Vereine

Zumeist von Betroffenen ins Leben gerufen, vertreten spezielle Vereine die Angelegenheiten bestimmter Gruppen, auch von Pflegefällen. Beispiele:

- Deutsche Alzheimer Gesellschaft:
  www.deutsche-alzheimer.de
- Bundesarbeitsgemeinschaft Hospiz: www.hospiz.net/bag
- Deutsche Parkinson Vereinigung:
  www.parkinson-vereinigung.de
- Deutscher Patienten-Schutzbund e. V.:
- Stiftung Deutsche Schlaganfall-Hilfe:
  www.schlaganfall-hilfe.de
- Krebsforum im Internet: www.meinkrebs.de

Hilfe leistet auch das Sozialamt, wenn die Leistungen der Pflegeversicherung nicht ausreichen. Allerdings nur bei Bedürftigkeit.
Wie wichtig ein richtiger Ansprechpartner in der Not ist, zeigt der Fall von Brigitte R., die im Alter von knapp 40 Jahren einen Schlaganfall erlitt. Seither ist sie ein anderer Mensch. Ihren

Lebensmut ließ sie sich aber nie nehmen, auch weil sie Hilfe suchte und Verständnis einforderte.

||| **Beispiel Brigitte R.**

„Auf der Einschulungsfeier meiner Tochter wurde mir plötzlich übel, und ich merkte sofort, dass etwas Außergewöhnliches passiert sein musste. Dass der Hubschrauber mich ich die Klinik brachte, bekam ich nicht mehr mit, auch im Krankenhaus lag ich erst einmal mehrere Tage im Koma. Dann drang die Diagnose ins Bewusstsein: Schlaganfall, und das mit Ende 30 und drei kleinen Kindern. Die Ärzte meinten, dass ich wohl im Rollstuhl weiterleben müsse. Daraufhin verkauften wir unser Haus und bauten einen ehemaligen Getreidespeicher zu einem Haus aus, das meinen Behinderungen gerecht wurde. Ich habe also wirklich Glück, mein Mann, die Kinder sowie die Schwiegereltern sind stets für mich da. Auch wenn ich nun – zehn Jahre später – noch immer nicht vollkommen in Ordnung bin. Meine Stimme ist total verändert und klingt am Telefon wie erkältet. Der linke Arm ist nur zum Abstützen eine Hilfe. Immerhin kann ich sieben Jahre danach meine Schuhe wieder selbst binden. Doch der Anfang war grauenhaft: Fast ein Jahr verbrachte ich in der Klinik und bei der Rehabilitation, konnte weder sprechen noch mich bewegen. Die linke Körperhälfte war weitgehend gelähmt. Neben Krankengymnasten arbeiteten Mitarbeiter der Ergo-Abteilung, ein Logopädie sowie der Neuropsychologe liebevoll mit mir an den Defiziten. Anfangs zweifelte ich daran, was diese sonderbaren Übungen sollen, aber weil ich nicht sprechen und nicht mal schlucken konnte, machte ich alles mit. Heute weiß ich, dass alles einen Sinn hatte.

Es kam die Zeit, als mich die Krankengymnasten immer wieder auf die Beine stellten. Am Anfang spielte mein Kreislauf verrückt. Irgendwann konnte ich auch wieder schlucken. Da freut man sich wie ein kleines Kind, weil das echte Lebensqualität brachte. Nur mit dem Sprechen hapert es weiter. ▶

Ich habe mich nie allein gefühlt, immer war und ist die Familie im Hintergrund. Als ich dann am Wochenende das erste Mal nach Hause durfte, fühlte ich mich wie neu geboren. Auch mit meinen Freun- den und ehemaligen Schulkollegen habe ich Glück, zumal einige von denen als Krankengymnasten, Pfleger oder Schwestern in der Rehaklinik arbeiten. Als ich endgültig entlassen wurde, war vieles wie früher. Ich nahm meine Rolle als Hausfrau wieder an. Alles dauerte zwar länger als früher, aber es gab ja auch immer etwas Neues. Nach mehreren Jahren fiel mir jedoch die Decke auf den Kopf. In dieser Zeit entstand die Idee, auf dem Hof einen klei- nen Laden für gebrauchte Kindersachen aufzumachen. Ich habe zwar sehr wenig verdient, genoss aber den Kontakt zu anderen Menschen. Inzwischen ist dieses Kapitel beendet. Dafür spielt der Körper Stück für Stück besser mit. Heute kann ich mir sogar eine Flugreise zutrauen und ganz allein den Zug nehmen. Inzwischen darf ich auch wieder Auto fahren. Bei den ersten Versuchen saß meine Ergotherapeutin neben mir und ich schwitzte Blut und Was- ser. Als es endlich klappte, war das unbeschreiblich schön. Sich wieder allein fortbewegen zu können, ist ein Stück Unabhängig- keit. Größere Strecken, die mir bekannt sind, laufe ich heute ohne Gehhilfe. Im Allgemeinen ist die Tagesform entscheidend. Regel- mäßig muss ich wieder für einige Wochen in die Klinik zum Üben. Dort habe ich zuletzt auch an einer Selbstsicherheitsgruppe teilge- nommen, um besser mit den Lähmungen umzugehen. Das ist ein weiterer Mosaikstein zur Besserung gewesen. Dadurch habe ich neue Bekannte gefunden, die an MS leiden. Bei den meisten wird die Krankheit immer schlimmer. Nach einem Schlaganfall kann es aber nur besser werden, wenn man nicht aufgibt und alle Hilfe nimmt, die man bekommen kann."

Hilfen im Alltag planen

Natürlich braucht eine so einschneidende Veränderung des Lebens, wie sie Brigitte R. erlebt hat, vor allem Zeit und Gewöhnung. Neben dem Willen zum Überleben ist gute Organisation in schwierigster Lebenslage gefragt. Doch wo beginnen? Im Pflegefall ist der Hilfebedarf häufig von Dauer. Ist ein Elternteil auf Pflege angewiesen, muss die Hilfe voraussichtlich bis zum Tod organisiert werden. Dabei bieten sich gleich mehrere Planungsschritte an.

So lässt sich der Haushalt im Pflegefall organisieren:

- Legen Sie einen Ordner „Hilfen im Haushalt" an.
- Schreiben Sie auf, welche Tätigkeiten erledigt werden müssen, wer das übernehmen soll und was das im Zweifel kostet (siehe Tabelle Seite 96).
- Suchen Sie eine Vertrauensperson, die die Planung begleitet.
- Für fremde Hilfe: Holen Sie Angebote bei Nachbarn, Verwandten, Ehrenamtlichen, Pflegedienst, privaten Haushaltshilfe-Firmen ein.
- Prüfen Sie finanzielle Zuschüsse für haushaltsnahe Dienstleistungen und beantragen Sie diese gegebenenfalls.
- Beurteilen Sie Vorauswahl der Angebote und holen Sie gezielt drei Angebote ein (mit Kostenvoranschlag).
- Prüfen und vergleichen Sie die Angebote und treffen Sie eine Entscheidung (Auftrag).

Die Planung wird erleichtert, wenn schon eine Übersicht verfügbar ist, damit nichts Wichtiges übersehen wird. Hier ein gutes Beispiel dieser nötigen Vorarbeit.

So wird Hilfe im Haushalt geplant

Tätigkeit	Selbst machen?	Fremde Hilfe?	Anbieter?	Preis?
Wohnungsreinigung	...	...	...	...
Fensterputzen	...	...	...	...
Alltags-Einkauf	...	...	...	...
Wäsche waschen	...	...	...	...
Bügeln	...	...	...	...
Gardinen/Teppiche	...	...	...	...
Arztbesuch	...	...	...	...
Fahrdienst	...	...	...	...
Essensservice	...	...	...	...
Notruf-Service	...	...	...	...
Friseur	...	...	...	...
Fußpflege	...	...	...	...
Haustier	...	...	...	...
Gartenarbeit	...	...	...	...
Schneefegen	...	...	...	...
Kleine Reparaturen	...	...	...	...
Behördengänge	...	...	...	...
Kleidungskauf	...	...	...	...
Apotheke	...	...	...	...

Gerade bei dauerhaftem Hilfebedarf entsteht oft großer Handlungsdruck, wenn der Pflegefall ganz plötzlich eintritt. Überschätzen Sie dabei die Hilfsbereitschaft der Nachbarn nicht: Realistisch sind allenfalls kleine Hilfsdienste und gelegentliche Unterstützung. Regelmäßige Hilfe ist meist nur von den engsten Angehörigen und von professionellen Hilfsdiensten zu erwarten.

Preiswerte Haushaltshilfen aus dem Ausland

Kommen wir noch einmal auf Katarina L. (Seite 77) zurück. Zur Erinnerung: Nach sechs Monaten familiär organisierter Hilfe waren die drei Geschwister ausgelaugt. Eine 24-Stunden-Betreuung für den 80-jährigen Vater musste her.

||| **Katarina L. erzählt, wie es weiterging**
„Die Rundum-Betreuung durch einen Pflegedienst würde über 5.000 Euro kosten. Wir waren entsetzt und suchten fieberhaft nach einem Ausweg. Schon bald fanden wir Elsbieta aus Polen. Ein Tipp von Freunden erwies sich als Volltreffer. Die geduldige Pflegerin kann auch noch gut kochen und ist sogar bezahlbar: Neben Kost und freier Logis werden jeden Monat knapp 1.500 Euro fällig. Das ist für uns erschwinglich – und doch illegal: Elsbieta darf zwar einkaufen und die Wohnung putzen, doch keine Kranken pflegen. Ohne spezielle Kenntnisse ist es ihr etwa verboten, Medikamente zu verabreichen oder Wunden zu versorgen. Als ob wir Geschwister für die häusliche Pflege des Vaters ein Testat benötigt hätten! Und trotzdem haben wir uns gekümmert und selbst gepflegt. Das aber hat niemanden gestört. Also ist es uns erst einmal völlig egal,

was die Bürokratie meint. Eine Arbeitserlaubnis liegt ja vor; also kann uns niemand Schwarzarbeit vorwerfen. Die Trennung nach Hausarbeiten, die erlaubt sind, und Pflegetätigkeiten, die Laien verboten sind, ist doch völlig weltfremd. Uns bleibt nichts anderes übrig, als auf Zeit zu spielen. Wenn es gar nicht anders geht, muss mein Vater in ein Heim. Das würde unsere finanziellen Verhältnisse früher oder später sprengen. Dann wäre nicht nur mein Vater ein Sozialfall, sondern auch unsere drei Familien müssten wohl beim Sozialamt vorsprechen. Als Betriebswirtin kann ich nur sagen: Das ist volkswirtschaftlicher Unsinn. Die Gemeinschaft müsste eine große Zeche zahlen."

Die ganztägige Versorgung pflegebedürftiger Angehöriger durch ambulante Pflegedienste kann leicht 10.000 Euro pro Monat verschlingen, räumt die staatsnahe Stiftung Warentest ein. Es ist also häufig unbezahlbar, Pflegefälle in Deutschland von deutschen Pflegediensten betreuen zu lassen. Da bleibt als Ausweg nur Hilfe aus dem Ausland – oft am Rande der Legalität. Familien dürfen die osteuropäischen Pflegekräfte nicht fest anstellen – bis voraussichtlich 2011 ist der deutsche Arbeitsmarkt für sie versperrt. Davon ausgenommen sind reine Haushaltshilfen. Doch die dürfen eben offiziell nicht pflegen: Nur Hausarbeiten wie Putzen, Wäschewaschen, Einkaufen, Spazierengehen und Kochen sind erlaubt. Verboten sind Wundversorgung, Medikamentengabe, Pflege. Beim Füttern, Windeln und Waschen der Patienten ist die Abgrenzung unscharf. Als Alternative können Familien Pflegekräfte über eine osteuropäische Agentur bekommen, die ihre Mitarbeiterinnen nach Deutschland schickt. Dafür benötigen sie eine „Entsendebescheinigung", die von den Behörden im Heimatland ausgestellt wird.

Pflege zu Hause

Viele Ältere haben mit Beschwerden zu kämpfen, die sich schleichend entwickeln. Sie laufen praktisch mehr oder weniger geradlinig auf die Pflegebedürftigkeit zu. Da die meisten Familien sich nicht beizeiten mit dem möglichen Problem Pflegebedürftigkeit auseinandersetzen, sind die Betroffenen im Ernstfall zunächst völlig überfordert, wie der folgende Fall zeigt.

||| Beispiel Hilde G.

„Seit Jahren kann ich schlecht sehen und immer schlechter laufen. Meine Tochter, die mit Anfang 50 als Lehrerin voll im Beruf steht, übernimmt schon lange meine Einkäufe, sorgt für Medikamente aus der Apotheke und ist auch häufig beim Arzt dabei, obwohl wir nicht zusammenwohnen. Schlimm ist nur, dass die Ärzte einfach nicht wissen, woher die Schmerzen in den Beinen kommen, die mich derart ans Haus fesseln, dass ich häufig nicht mal eine kurze Runde mit meinen Hund drehen kann. Als wir uns gar keinen Rat mehr wussten, habe ich mich ins Krankenhaus einweisen und eine gründliche Untersuchung anstellen lassen. Dabei kam zu meinem völligen Entsetzen heraus: Darmkrebs. Operation mit 84. Ich dachte, das sei das Ende. Doch ich hatte Glück im Unglück: Nach zehn Tagen wurde ich als geheilt entlassen. Immerhin kehrte der Appetit zurück. Alle anderen Schmerzen aber auch. An Laufen war kaum zu denken, die Sehkraft ließ weiter nach. Zum Glück folgte nach wenigen Tagen die Rehabilitation in einer ruhigen Klinik, denn zu Hause war ich nahezu komplett auf fremde Hilfe angewiesen. Rund um die Uhr schaffte das meine berufstätige Tochter natürlich nicht, selbst wenn sie sich großartig bemühte und auch noch um den Hund kümmerte. In der Klinik riet man mir dringend, endlich einen Pflegeantrag zu stellen. Also wurden vor Ort alle Papiere ausgefüllt und der Antrag fertiggemacht. Doch ich hatte so ▶

ein komisches Gefühl. Denn sollten mir plötzlich fremde Leute beim Aufstehen, Waschen und anderen intimen Sachen helfen? Und was würde das kosten?

Kaum war ich wieder zu Hause, meldete sich auch schon der Gutachter an. Zusammen mit meiner Tochter und meinem Ex-Ehemann schafften wir es, die Situation gut zu meistern. Wenige Wochen später stand fest: Pflegestufe 1 bewilligt. Das klang wie eine gute Nachricht. Nun stieg der finanzielle Spielraum, meine Tochter zu entlasten. Doch die Ernüchterung folgte prompt: Für zweimaliges Erledigen der Grundpflege und ein bisschen Hauswirtschaft wollte der Pflegedienst 850 Euro pro Monat haben, die Pflegekasse zahlt jedoch nur knapp die Hälfte. Ich hätte mehr als meine halbe Rente dafür opfern müssen. Also war dies keine Lösung. Nach vier Wochen entschied ich mich für das Pflegegeld. Das ist zwar nur die Hälfte der Sachleistung, neuerdings 215 Euro. Einige zusätzliche Hilfsmittel wie Badewannensitz und Pflegebett erleichtern den Tagesablauf. Ich versuche nun so gut es geht, ohne fremde Hilfe klarzukommen. Alles geht sehr langsam, aber ich habe ja Zeit. Das Pflegegeld wird zum größten Teil dazu benutzt, eine Nachbarin zu entlohnen, die beim Einkaufen hilft und jeden Tag zweimal mit dem Hund spazierengeht. Das ist zwar nicht im Sinne der Pflegeversicherung, aber ohne meinen Hund hätte mich der Lebensmut schon längst verlassen. So lebe ich von Tag zu Tag mit einem Minimum an Pflege, mal klappt es ganz gut, an anderen Tagen überhaupt nicht. Ins Heim will ich nicht, man hört zu viele Horrorgeschichten. Wenn es gar nicht mehr geht, werde ich wohl die angesammelten Schlaftabletten nehmen. Meiner Tochter darf ich mit solchen Gedanken allerdings gar nicht kommen, denn sie leistet ein enormes Pensum, um mir den Alltag erträglich zu machen."

Wenn der Gutachter kommt ...

Zur Erinnerung: Ausschlaggebend für die Pflegeeinstufung ist leider nicht der allgemeine Grad der Abhängigkeit, sondern der Umfang der benötigten Hilfe bei konkreten Alltagsverrichtungen wie Kämmen, Essen, Toilettengang, Duschen, Anziehen, Treppensteigen usw. Der Gutachter soll auch ermitteln, wie viel Zeit dazu nötig ist. Für die Grundpflege gibt es interne Richtlinien, was wie lange dauern darf. Mehr bezahlt die Pflegekasse nicht.

So viel Zeit wird für Pflege veranschlagt und bezahlt (Auswahl)

Verrichtung	Zeit (in Min.)
Ganzkörperwäsche	20–25
Duschen	15–20
Waschen von Händen und Gesicht	1–2
Kämmen	1–3
Rasieren	5–10
Notdurft samt Reinigung der Toilette	2–3
Stuhlgang (samt WC-Reinigung)	3–6
Mundgerechte Zubereitung einer Hauptmahlzeit	2–3
Verabreichen einer Hauptmahlzeit	15–20
Anziehen	8–10
Entkleiden	4–6

Um jedoch diese Minimalhilfen zu bekommen, muss der Gutachter erst einmal grünes Licht für eine Pflegestufe geben. Und der Arzt bzw. die Pflegekraft wird vom Medizinischen Dienst der Krankenversicherung (MDK) bzw. der Privatversicherung (Medicproof) geschickt. Er steht also auf Seiten der Pflegeversicherer. Das ist für den Pflegebedürftigen nicht unbedingt von Vorteil. Daher sollten Sie sich gründlich auf den Besuch vorbereiten und sich auch genau überlegen, was Sie sagen. Bereits die an den Pflegebedürftigen gerichtete Begrüßungsfloskel „Wie geht es Ihnen?" birgt schon die erste Falle. Wer hier gedankenlos „ganz gut" antwortet, hat schon schlechte Karten. Zweiter Fehler: Ältere Menschen richten sich zumeist gern her, wenn Besuch kommt. Manche gehen sogar zum Friseur, schminken sich und sehen aus wie das blühende Leben. Diesen Eindruck muss dann auch der Gutachter notieren, obwohl der Pflegebedürftige nach dem Besuch gar nicht mehr blühend aussieht, wenn das Adrenalin aus dem Körper weicht. Dritter Fehler: Aus alt gewohnter Höflichkeit und Gastfreundschaft wird dem Gutachter eine Erfrischung gereicht. Dabei bewegen sich manche ältere Leute so leichtfüßig zwischen Küchentisch und Wohnzimmer, dass der Gutachter auch dies nicht übersehen darf. Wie will man ihm dann im Gespräch plausibel machen, dass es mit dem Waschen, Kämmen und Ankleiden gar nicht mehr klappt? Sprechen Sie sich als Tochter oder Sohn mit Ihrem Vater oder Ihrer Mutter vorher genau ab. Es geht hier nicht darum, die Pflegeversicherung zu täuschen. Vielmehr liegt das Problem darin, dass ältere Menschen ungern fremden Menschen gegenüber ihre Gebrechen eingestehen. Verständlicherweise wollen sie sich, wenn „Besuch" da ist, nicht gehen lassen. Überreden Sie Vater oder Mutter, ruhig so zu bleiben wie normalerweise auch – und wenn dies im Schlafanzug und Bademantel ist.

Das Gutachten ist keine ärztliche Untersuchung. Es soll nur der Pflegebedarf ermittelt werden. Wer schon vorher in einem Pflegetagebuch über mehrere Wochen festgehalten hat, wie lange die Helfer für Körperpflege, Ernährung, Mobilität und hauswirtschaftliche Versorgung benötigt haben, ist schon auf gutem Wege zur Anerkennung der Pflegestufe. Der Gutachter wird Ihnen und dem Betroffenen genau diese Fragen stellen. Allerdings müssen unterm Strich mindestens 46 Minuten für die Grundpflege und weitere mindestens 44 Minuten für die hauswirtschaftliche Versorgung zusammenkommen (siehe Seite 101). Der kritischste Punkt beim Gespräch vor Ort sind die Fragen des Gutachters zur Art des gewünschten Hilfebedarfs im Ablauf des Alltags. Man sollte also auf keinen Fall damit angeben, noch gelegentlich selbst Fenster zu putzen und schwere Einkaufstaschen ins Haus zu tragen. Diese „weichen" Fähigkeiten, also die Aktivitäten im täglichen Leben erweisen sich häufig als Stolperstein für einen positiven Bescheid. Faustregel: Im Zweifel keine falsch verstandene Vitalität vortäuschen, die häufig vorhandene Eitelkeit unbedingt bezähmen!

Halten Sie überdies alle nötigen Dokumente bereit, etwa die Medikamentenliste oder andere Verschreibungen des Hausarztes. Scheuen Sie sich nicht, auch den bereits tätigen Pflegedienst hinzuzuziehen, sein Fachwissen und seine Meinung haben eine überzeugende Wirkung und erleichtern das meist etwas verkrampfte Gespräch. In den allermeisten Fällen kann Ihnen der Gutachter am Ende der Befragung bereits sagen, ob eine Einstufung in eine Pflegestufe in Frage kommt. Fragen Sie ihn danach!

Was ist letztlich im Gutachten enthalten? Der Gutachter gibt darin für die Pflegekasse seine Empfehlung ab. Dabei wird aufgelistet, ob:

- eine Rehabilitation nötig oder sinnvoll ist,
- eine physikalische Therapie, etwa Krankengymnastik, erforderlich ist,
- Pflegebedürftigkeit besteht oder nicht,

- eine Pflegestufe in Betracht kommt und, falls ja, welche das ist,
- häusliche Pflege sichergestellt oder stationäre Pflege nötig ist,
- und wie sich der Pflegebedarf weiterentwickeln wird.

Widerspruch gegen die „richtige" Einstufung

Was zunächst paradox klingt, kann dennoch Sinn haben: Dem Gutachten des Medizinischen Dienstes sollte mitunter auch widersprochen werden, wenn die Einstufung eigentlich in die richtige Pflegestufe erfolgte und man damit durchaus zufrieden ist. Mehr Leistungen sind dann zwar nicht zu erwarten, aber häufig reicht ja die Sach- oder Geldleistung nicht aus, um den gesamten Pflegebedarf zu decken. Wer dann ergänzende Leistungen benötigt, insbesondere vom Sozialamt, sollte in jedem Fall Widerspruch einlegen. Hintergrund: Die Träger der Sozialhilfe verweisen zunehmend auf die Bindungswirkung zur Pflegeversicherung und erkennen als Pflegebedarf oft nur die vom MDK anerkannten Zeiten an. Damit ist aber lediglich der Mindestbedarf abgedeckt. Leistungen nach dem Bundessozialhilfegesetz (BSHG) werden jedoch nach dem Bedarfsdeckungsprinzip gewährt. Das heißt, jeder tatsächlich vorhandene Bedarf muss gedeckt und damit finanziert werden. Mehr Leistung als von der Pflegeversicherung ist also durch die Hilfe zur Pflege vom Sozialamt möglich, sofern der Bedarf besteht.

Leistungen bei häuslicher Pflege

Bei der häuslichen Pflege bezahlt die Kasse die Arbeit des ambulanten Pflegedienstes, mit dem die Kasse nach Ihrer Wahl einen Versorgungsvertrag abschließt. Diese Sachleistung wird direkt zwischen Kasse und Pflegedienst abgerechnet. Je nach Bedürf-tigkeit und Pflegestufe zahlt die Pflegekasse dafür zwischen 420 und 1.470 Euro im Monat, im Härtefall noch etwas mehr (siehe Tabelle Seite 106). Falls Angehörige oder Nachbarn selbst die Pflege ausüben, gibt es alternativ je nach Bedürftigkeit nur jeweils rund die Hälfte – zwischen 215 und 675 Euro im Monat. Dieses Pfle-gegeld zahlen die Kassen an den Angehörigen bzw. Freund oder Nachbarn aus, der die Pflege übernimmt.

Auch der Mittelweg ist möglich: eine Kombination aus Sach- und Geldleistung. Dann wird ein erheblicher Teil der Pflege-arbeit von Fachpersonal geleistet und für den anderen Teil gibt es Pflegegeld. An die Entscheidung, in welchem Verhältnis er Sach- und Geldleistungen in Anspruch nehmen will, ist der Pflegebedürftige für sechs Monate gebunden.

Ergänzt wird die häusliche Pflege durch Leistungen, die dem pflegenden Angehörigen dienen:

Ersatzpflege: Wenn Sie wegen Krankheit, Urlaub oder anderen Gründen mit der Pflege von Mutter oder Vater aussetzen müs-sen, wird für bis zu vier Wochen Ersatz beschafft und von der Kasse bezahlt. Diese Leistung gibt es neben der Pflegesachleis-tung; Pflegegeld wird für diese Zeit allerdings nicht gezahlt.

Teilstationäre Pflege: Muss Mutter oder Vater zu Ihrer Entlas-tung bzw. wegen Ihrer Berufstätigkeit tagsüber oder nachts in einer Pflegeeinrichtung untergebracht werden, trägt die Kasse diese Kosten bis zu bestimmten Grenzen (siehe Tabelle Seite 106). Daneben gibt es Sachleistungen, Pflegegeld oder die Kom-bination weiter.

Kurzzeitpflege: Zur Entlastung können Mutter oder Vater auch mal bis zu vier Wochen in einer Pflegeeinrichtung unterge-bracht werden, etwa wegen nötigem Umbau der Wohnung oder zusätzlicher Erkrankung. Auch hier zahlt die Kasse bis zu bestimmten Grenzen (siehe Tabelle).

Leistungen bei häuslicher Pflege

Leistungen		Pflegestufe		
		1	2	3
häusliche Pflege	Sachleistung[1]	420	980	1.470[3]
	Pflegegeld[2]	215	420	675
Pflege-Vertretung Aufwendungen				
▪ durch Angehörige	bis zu 4 Wochen	2.154	4.204	675[4]
▪ durch Sonstige	pro Jahr	1.510	1.510	1.510
Kurzzeit-Pflege	Aufwendung p. a.	1.470	1.470	1.470
Teilstationäre Tages- und Nachtpflege	Aufwendung pro Monat	420	980	1.470

[1] für Pflege-Fachkraft, [2] für Angehörige, [3] im Härtefall bis 1.918 Euro,
[4] auf Nachweis bis zu 1.470 Euro für notwendige Aufwendungen alle Angaben in Euro pro Monat; Stand: 2008/2009

Pflegegeld muss im Voraus ausgezahlt werden, also zu Monatsbeginn, entschied das Bundessozialgericht (Az.: 3/1 RK 56/93). Falls damit der Bedarf nicht gedeckt ist, springt zusätzlich das Sozialamt ein – abhängig von Einkommen und Vermögen. Wichtig: Die Richtlinien der Krankenkassen zur Beurteilung von Pflegebedürftigkeit sind zu pauschal und ungenau, sagt das Bundessozialgericht und gibt den Sozialgerichten auf, im Streitfall jeden Einzelfall selbst zu prüfen (Az.: 3 RK 7/94).

Ergänzungsleistungen bei Demenz

Seit 1. Juli 2008 gibt es eine spürbare Verbesserung für Demenz-kranke: Wer als Pflegebedürftiger auf allgemeine Betreuung angewiesen ist, kann professionelle Hilfe im Wert von bis zu 200 Euro pro Monat in Anspruch nehmen. Zuvor waren es nur 460 Euro für ein ganzes Jahr. Laufende Pflege erhalten Alzheimer-Patienten meist nicht, da sie von den körperlichen Fähigkeiten theoretisch in der Lage wären, allein aufzustehen, zu duschen, den Haushalt zu besorgen usw. Da aber die geistige Verwirrtheit dagegen steht, hat der Gesetzgeber einen Kompromiss gefunden: Auch wer Pflegebedarf unterhalb von Pflegestufe 1 hat, kann die Leistung für allgemeine Betreuung wegen „Einschränkung der Alltagskompetenz" bekommen.

Wann allgemeine Betreuung in Betracht kommt:

- Unkontrolliertes Verlassen der Wohnung (Weglaufen)
- Verkennen oder Auslösen gefährlicher Situationen
- Unsachgemäßer Umgang mit gefährlichen Substanzen oder Gegenständen
- Aggressives Verhalten in gefährlicher Situation
- Unfähigkeit, eigene Bedürfnisse oder Gefühle zu erkennen
- Unfähigkeit zur Kooperation in der Therapie
- Gestörte Hirnfunktionen, die sozialen Alltag beeinträchtigen
- Störung des Tag-Nacht-Rhythmus
- Unfähigkeit, den Tagesablauf eigenständig zu planen und zu strukturieren
- Labiles emotionales Verhalten
- Dauerdepression

Die Leistung dient unter anderem dazu, Aufwendungen für Tages- und Nachtpflege, Kurzzeitpflege, einen Pflegedienst oder andere Hilfe zumindest zum Teil zu bezahlen. Dennoch reicht die Kassenleistung bei weitem nicht aus, um den Bedarf zu decken.

Die Finanzierung der häuslichen Pflege

Die gesetzliche Pflegeversicherung bzw. private Pflege-Pflichtversicherung soll den Großteil der Kosten für Pflegefälle beisteuern. Das kostet 1,95 Prozent des Bruttoeinkommens, bei Kinderlosen 2,2 Prozent. Anders als Arbeitnehmer zahlen Rentner den vollen Beitragssatz, Leute ohne oder maximal 400 Euro Einkommen sowie Betroffene in stationärer Pflege gar nichts. Der Höchstbeitrag pro Monat liegt bei rund 70 Euro. Die eingezahlten Beiträge kommen den aktuellen Pflegefällen zugute. Und Leistung gibt es von der Pflichtversicherung immer dann, wenn jemand längerfristig so hilflos ist, dass er für die Verrichtungen im Ablauf des täglichen Lebens erheblich auf Hilfe von Mitmenschen angewiesen ist, vor allem bei Körperpflege, Ernährung, Mobilität und Hauswirtschaft.

Die Pflegeversicherung ist eine Grundabsicherung. Das gilt auch für die gesetzlich verordnete Pflege-Pflichtversicherung der privaten Krankenversicherer. Das Geld reicht keineswegs für eine Rundumpflege. Selbst in Pflegestufe 3, wo mindestens fünf Stunden Hilfe pro Tag veranschlagt werden, entspricht das Geld bei 30 Tagen im Monat und einer Sachleistung von 1.470 Euro nur einem Stundensatz von knapp zehn Euro. Tatsächlich betrug der Stundensatz für eine Fachkraft schon zum Start der Pflegeversicherung 1995 rund 25 Euro. Die gesetzlich bereitgestellte Summe reichte damit nur einen halben Monat – quasi eine Teilkasko-Absicherung, Tendenz fallend.

Die finanziellen Folgen kann sich jeder leicht ausmalen, denn im Pflegefall muss ein Betrag von ungefähr 3.000 Euro monatlich zur Verfügung stehen. Übersteigen diese Kosten die Leistungen der Pflichtversicherung, was regelmäßig der Fall ist, geht es ans Einkommen samt Rente sowie ans Ersparte. Die vorhandenen Vermögenswerte wie Bankkonto, Haus und Auto werden herangezogen. Sind sie bei langer Pflegezeit aufgebraucht, wird der fehlende Unterhalt zunächst vom Sozialamt übernommen. Das Amt darf aber auf Verwandte ersten Grades (Kinder und Eltern) zurückgreifen (§ 91 Bundessozialhilfegesetz). Das kann ganze Familien in die Armut treiben. Gut dran ist, wer als Vorsorge für den Pflegefall eine private Pflege-Zusatzversicherung abgeschlossen hatte, um die Restkosten ungefähr abzudecken.

Soziale Absicherung pflegender Angehöriger

Jeder, der als Laie die Pflege für einen nahen Angehörigen übernimmt, hat Vorteile. So darf zum Beispiel die Tochter an kostenlosen Pflegekursen teilnehmen, die die Pflegekassen anbieten müssen. Vermittelt werden spezielle Fertigkeiten und Techniken, die auch die eigene körperliche Belastung vermindern helfen. Zudem können sich Tochter oder Sohn bestimmte Zeit von der Arbeit freistellen lassen, um nahe Angehörige zunächst selbst zu pflegen. Seit 1. Juli 2008 dürfen Arbeitnehmer dafür Sonderurlaub nehmen oder verkürzt arbeiten – Pflegezeit genannt –, wenn Mutter oder Vater zum anerkannten Pflegefall geworden sind. Diese Pause, die leider meist gar nicht bezahlt wird (Ausnahme: Es steht ausdrücklich im Arbeits-, Tarifvertrag oder der Betriebsvereinbarung), darf maximal sechs

Monate andauern. Bis dahin wird der Arbeitsplatz freigehalten, leider allerdings nur in Firmen mit mehr als 15 Mitarbeitern. Dort muss der Chef der Pflegezeit weder vorher zustimmen und kann er sie verhindern. Sobald die Pflegezeit angekündigt wird – am besten mindestens zehn Tage vor dem Start –, beginnt ein besonderer Kündigungsschutz. In kleineren Firmen kann die sechsmonatige Pflegezeit abgelehnt werden, auch gilt der Kündigungsschutz dort nicht. Wer für die häusliche Pflege seine Arbeitszeit nur reduziert, muss angeben, wie er seine Arbeitsstunden verteilen will und dabei auf dringende betriebliche Belange Rücksicht nehmen.

© Galina Barskaya – Fotolia.com

In den meisten Fällen versuchen Angehörige zunächst, die häusliche Pflege zu organisieren.

Für viele nützlich ist bereits die Kurzform der Pflegezeit: Man darf von heute auf morgen bis zu zehn Tage zu Hause bleiben, wenn ein naher Angehöriger Hilfe braucht. In dieser Zeit lassen sich die ersten Schritte organisieren, ohne dass bereits eine Pflegeeinstufung vorliegen muss – etwa nach einem schweren Sturz. Einfach dem Chef Bescheid sagen, der lediglich verlangen kann, dass man ein Attest vorlegt, in dem bestätigt wird, dass die zu pflegende Person voraussichtlich pflegebedürftig ist und Hilfe von Angehörigen benötigt.

Wer nur zehn Tage Pflegezeit nimmt, hat mit der eigenen Krankenversicherung kein Problem. Alles bleibt wie bisher. Das Gleiche gilt für Beschäftigte, die während einer sechsmonatigen Pflegezeit Teilzeit arbeiten und über 400 Euro verdienen. Wer allerdings in dieser längeren Auszeit gar nicht arbeitet und auch sonst keine Einkünfte hat, muss sich kümmern, denn der bisherige Versicherungsschutz endet mit Beginn der Pflegezeit. Gesetzlich krankenversicherte Ehepartner sind dann weiterhin beitragsfrei in der Kasse des Partners versichert. Singles können sich häufig in ihrer Kasse freiwillig versichern. Sie müssen zwar Beiträge bezahlen, bekommen aber auf Antrag einen Zuschuss von der gesetzlichen bzw. privaten Pflegekasse des Pflegebedürftigen, der ihre Kosten voll deckt. Freiwillig gesetzlich Versicherte, die vorübergehend Mutter oder Vater pflegen, bekommen für ihren Beitrag ebenfalls einen Zuschuss von der Pflegekasse des Elternteils. Privat Krankenversicherte bleiben auch in der Pflegezeit privat abgesichert. Auch sie erhalten auf Antrag einen Beitragszuschuss von der Pflegekasse, maximal aber den Mindestbeitrag eines freiwillig Versicherten (rund 150 Euro).

Wenn Sie Ihre Mutter oder Ihren Vater pflegen, stehen Sie unter dem Schutz weiterer Zweige der Sozialversicherung. Sie sind kostenlos gesetzlich unfallversichert, wenn Sie Mutter oder Vater mindestens 14 Stunden pro Woche pflegen und zudem nicht mehr als 30 Stunden pro Woche berufstätig sind. Es besteht Anspruch auf Leistungen wie bei einem Arbeitsunfall. Die gesetzliche Arbeitslosenversicherung läuft in der Pflegezeit für die pflegende Tochter bzw. den Sohn ebenfalls beitragsfrei weiter. Bezahlt wird der Beitrag von der der Pflegekasse des Betroffenen. Positive Folge: Bei späterer Arbeitslosigkeit wären die Pflegemonate ohne Einkommen kein Nachteil, denn diese Zeit zählt bei der Berechnung des Arbeitslosengeldes nicht mit.

Ehrenamtliche Pfleger bauen zudem während der Pflegetätigkeit kostenlos geringe Ansprüche für die eigene Rente auf: Die Beiträge bezahlt wiederum die Pflegekasse des Pflegebedürftigen (ab 14 Wochenstunden Pflege). Der „Laien"-Pfleger muss dazu einen Antrag bei der Pflegekasse von Mutter bzw. Vater stellen. Allerdings sollten Sie keine Wunder erwarten: Berechnungsgrundlage für die Beitragszahlung sind Monatseinkommen zwischen 662 Euro (Pflegestufe 1) und knapp 2.000 Euro (Pflegestufe 3). Daraus ergeben sich Ansprüche auf Altersrente zwischen lediglich sieben und 21 Euro.

Pflege bei Wohnsitz oder längerem Aufenthalt im Ausland

Die Globalisierung der Welt macht auch vor der Sozialversicherung nicht halt. Insbesondere innerhalb der Europäischen Union wird Diskriminierung von verschiedensten Gerichten immer stärker verboten. Bekanntlich verbringen ja Tausende Deutsche in höherem Alter einen Teil des Jahres oder ihr ganzes spätes

Leben im sonnigen Süden. Dann stellen sich im Pflegefall praktische Fragen, die gar nicht so leicht zu beantworten sind. Beispielfall Spanien: Hat man als Deutscher dort auch Anspruch auf Leistungen im Pflegefall? Im Prinzip ja, aber …

Wer Deutschland endgültig den Rücken kehrt und zum Beispiel Leistungen der Sozialversicherung in Spanien erhält, kann nicht weiter in der deutschen Pflegeversicherung bleiben. So entschied das Bundessozialgericht (BSG) mit zwei Urteilen Anfang 2005. In den beiden Fällen hätten es die in Spanien lebenden Deutschen gern gesehen, da die Leistungen in Spanien deutlich niedriger ausfallen als bei uns. Einer der beiden Beispielfälle:

||| **Beispiel Leonie R.**

„Leonie R. (79) erhält bereits seit 1986 Altersrente. Sie ist deshalb zunächst als Rentnerin versicherungspflichtig eingestuft worden. Im selben Jahr zieht sie nach Spanien, bleibt jedoch in ihrer deutschen Krankenkasse. Vier Jahre später bekommt sie jedoch eine spanische Altersrente und hat somit auch Anspruch auf die spanische Krankenversicherung. Dennoch bleibt sie weiter in der deutschen GKV. Erst 1998 fällt dies den deutschen Trägern auf. Postwendend werden die an die spanische Kasse überwiesenen Beiträge von Leonie R. zurückverlangt, und zwar vollständig und rückwirkend. Parallel beantragt die immer noch rüstige Frau, in der deutschen gesetzlichen Pflegeversicherung, die es inzwischen seit 1995 gibt, freiwillig versichert zu werden. Das lehnt die Pflegekasse der AOK Rheinland jedoch ab. Die Frau zieht vor Gericht, unterliegt jedoch in allen Instanzen. Begründung des Bundessozialgerichtes: Sie ist weder in der deutschen Pflegeversicherung versicherungspflichtig noch zur freiwilligen Versicherung berechtigt (Az.: B 12 P 4/02). Weil sie ihre Rente vom spanischen Versicherungsträger bezieht, ist sie auch in Spanien krankenversichert."

Warum ist das so? Die deutschen Gesetze sind hier knallhart
und zugleich völlig antiquiert. So ruht der Anspruch auf Leistungen aus der Pflegeversicherung, solange sich der Versicherte
im Ausland aufhält (§ 34 Absatz 1 Nr. 1 SGB XI). Hierbei kommt
es nicht auf den Wohnsitz oder gewöhnlichen Aufenthalt an,
sondern die Leistung wird mit dem Übertreten der deutschen
Grenze gestoppt. Diese weltfremde Regelung verstößt jedoch
gegen das europäische Gemeinschaftsrecht, entschied der Europäische Gerichtshof bereits 1998 (Az.: C 160/96). Danach
besteht ein Anspruch auf Pflege-Sachleistungen nur nach dem
Recht des Aufenthaltsstaates, während Geldleistungen von
einem zuständigen Träger des Herkunftsstaates bezogen werden
können, auch wenn das Recht des Aufenthaltsstaates keine ver-
gleichbaren Leistungen vorsieht. Der Europäische Gerichtshof
hat mit einem Urteil von 2001 sogar präzisiert, dass es sich
beim Pflegegeld um eine Geldleistung handelt, welche nach
Gemeinschaftsrecht auch in das Ausland exportiert, also auch
im Ausland bezogen werden kann (Az.: C 215/99). Seither zahlen die Pflegekassen inzwischen zumindest Pflegegeld an Deutsche oder bei ihnen versicherte EU-Ausländer, die sich ständig
oder für längere Zeit im EU-Ausland aufhalten, auch wenn das
deutsche Gesetz noch immer nicht geändert worden ist.
Auch Unternehmen der privaten Pflegeversicherung zahlen
Pflegegeld auf freiwilliger Basis ins EWR-Ausland und aufgrund
eines bilateralen Abkommens in die Schweiz. Maßstab ist auch
hier das Urteil des Europäischen Gerichtshofes von 1998. Dort
hatte ein deutsch-niederländisches Ehepaar, das in Frankreich
wohnt und in Deutschland arbeitet, geklagt. Beide sind in
Deutschland freiwillig gesetzlich krankenversichert und damit
auch gesetzlich pflegeversichert, sollten aber laut AOK Baden-

Württemberg keinen Anspruch auf Pflegeleistungen haben, solange sie sich in Frankreich aufhalten. Diese Wohnbedingung wollte das Paar nicht akzeptieren und zog mit Erfolg vor Gericht. Es verstößt gegen EU-Recht, wenn die Leistung auf Pflegegeld davon abhängig gemacht wird, dass der Betroffene auch in dem Staat wohnt, in dem er die Versicherung abgeschlossen hat. Faustregel: Wer in Deutschland in die private Pflege-Pflichtversicherung einzahlt, bekommt die Leistungen auch, wenn er im Ausland wohnt.

Wenn jemand einen privat Pflegeversicherten im EWR-Ausland oder in der Schweiz pflegt, zahlt der private Kranken- und Pflegeversicherer auch Rentenversicherungsbeiträge wie in Deutschland für die ehrenamtlichen Pfleger. Maßstab sind zwei andere Urteile des Europäischen Gerichtshofes vom 8. Juli 2004. In einem Fall pflegt eine Deutsche, die in Belgien wohnt, in Deutschland einen Beamten im Ruhestand. Der Mann erhält Pflegeleistungen vom Landesamt für Besoldung und Versorgung NRW und ergänzend von der obligatorischen privaten Krankenversicherung. Die Rentenversicherung Bund der Rheinprovinz veranlasste, die Zahlungen der Rentenbeiträge für die Frau einzustellen, die zuvor von beiden Trägern geleistet worden waren, weil die Frau außerhalb Deutschlands wohnt. Der Europäische Gerichtshof akzeptiert dies nicht. Das einhellige Urteil: Wer häusliche Pflege leistet, erbringt eine Leistung bei Krankheit zugunsten des Pflegebedürftigen und hat Anspruch auf Übernahme von Rentenbeiträgen, auch wenn er nicht in Deutschland wohnt (Az.: C 502/01 und C 31/02).

Wenn häusliche Pflege nicht mehr ausreicht

Verschlechtert sich der Gesundheitszustand, sodass die Pflege zu Hause nicht mehr gewährleistet ist bzw. von Angehörigen nicht mehr bewältigt wird, steht es jedem Betroffenen unabhängig von der Pflegestufe frei, in ein Heim zu ziehen. Unterhalb von Pflegestufe 3 wird dann von der Pflegekasse aber nur ein Zuschuss in Höhe der Sachleistung bei häuslicher Pflege gezahlt. Zudem ist der Umzug in ein Pflegeheim mit so gravierenden Änderungen der Lebensverhältnisse verbunden, dass viele Pflegebedürftige und deren Angehörige davor zurückschrecken und so lange wie möglich häusliche Pflege organisieren.

Wenn Pflege zu Hause nicht mehr möglich ist, droht oft der Umzug in ein Pflegeheim.

Pflegenotstand: Die schlimmsten Fallen der Pflegeversicherung

Die Pflegeversicherung kommt nicht für jeden Pflegefall auf, sondern nur für anerkannte Fälle von Pflegebedürftigkeit. Und sie deckt bei den anerkannten Fällen finanziell auch nur rund die Hälfte der notwendigen Kosten ab. Wenn Sie persönlich die Pflege eines Elternteils übernehmen, sind Sie finanziell meist noch schlechter gestellt, als wenn Sie einem Pflegedienst diese Aufgabe anvertrauen. Der Notstand kennt viele Geschichten, wie das folgende Beispiel zeigt.

||| **Beispiel Sabine K.**

„Es ist gar nicht so selten, dass die Pflege innerhalb der Familie zu handfesten Konflikten führt. Gerade weil es eine große Konzentration auf den Kranken erfordert, fühlen sich alle anderen vernachlässigt. So ergeht es mir mit meiner Großmutter, die mit 98 Jahren auf Pflege angewiesen ist. Natürlich kümmere ich mich um sie, zumal sie gleich um die Ecke wohnt. Früher hat sie sich rührend um mich und später auch um meine Kinder gekümmert. Jetzt kann ich mich revanchieren. Zusammen mit meinem Vater organisiere ich die Rundumbetreuung. Bei meiner Mutter kommt das nicht so gut an: Ihr macht einen richtigen Großmutterkult, wirft sie uns vor. Das weitet sich bei meinen Eltern, die ja auch schon über 70 sind, zu einer handfesten Ehekrise aus. Meine Mutter ist richtig eifersüchtig. Hinzu kommt wohl das schlechte Gewissen, denn sie hat sich Jahre zuvor bei der Pflege ihres eigenen Vaters sehr zurückgehalten. Auch meine Schwester entwickelt plötzlich Eifersucht: Ich

▶

würde alles an mich ziehen und mich in den Vordergrund drängen, wirft sie mir vor. Dabei wohnt sie weiter weg und hat mehrere kleine Kinder zu betreuen. Letztlich umsorgten mein Vater und ich die Oma zwei volle Jahre; dann starb sie. Ich bin froh, es genauso gemacht zu haben. Es ist ein schönes Gefühl, für jemanden in wichtigen Momenten dazusein. Das erlebt meine Mutter nun auch wieder, denn für meinen Vater spielt sie jetzt wieder die Hauptrolle. Als hätte es nie eine Ehekrise gegeben."

Pflegegeld für Angehörige in Gefahr

Zur Erinnerung: Falls Sie als Angehörige oder Nachbarn die Pflege ausüben, gibt es je nach Bedürftigkeit ein Pflegegeld, das monatlich zwischen 215 und 675 Euro beträgt. Dieses Pflegegeld zahlen die Kassen an den Angehörigen bzw. Freund oder Nachbarn aus, der die Pflege des Bedürftigen übernimmt. So schön es ist, dass Pflegegeld für den aufopferungsvollen Einsatz sowie auch eine Urlaubsvertretung bezahlt wird, kostenlos Pflegekurse organisiert und geringe Ansprüche für die eigene Altersrente aufgebaut werden, so müssen die Pflegenden doch höllisch aufpassen, um das sauer verdiente Pflegegeld nicht gleich wieder zu verlieren. Zunächst droht das Finanzamt mit Einkommensteuer. Steuerfrei ist das Pflegegeld nur, wenn der Pflegefall das Geld an solche ehrenamtlichen Pfleger weiterreicht, die Familienangehörige sind oder ihm gegenüber eine sittliche Verpflichtung erfüllen. Damit droht Nachbarn, entfernten Verwandten oder engen Freunden, die Pflege leisten, die Besteuerung. Tipp: In diesen Fällen Hände weg vom Pflegegeld; der Betroffene sollte lieber die Sachleistung aus der Pflegeversicherung wählen.

Auch wenn Sie als Tochter oder Sohn die Pflege eines Elternteils übernehmen und dafür das Pflegegeld annehmen, kann dies unter Umständen teuer zu stehen kommen. Wer etwa Arbeitslosengeld I (ALG I) bezieht, muss damit rechnen, dass das Pflegegeld zumeist angerechnet wird. Unterm Strich bleibt kein einziger Euro mehr als ohne Pflegegeld im Portemonnaie. Im Extremfall droht sogar noch die Streichung des ALG I. In der Regel erhält der „Pfleger" sein volles ALG I weiter und auch das durch Anrechnung verminderte Pflegegeld, sofern er neben der Pflege noch mindestens 18 Wochenstunden arbeiten kann. Bei Pflegestufe 3 steht er der Arbeitsvermittlung aber nicht mehr zur Verfügung, da dieser Aufwand keinen weiteren Job mehr zulässt. Dann wird das ALG I gestrichen. Tipp aus Sicht der Familie: Hände weg vom Pflegegeld; lieber die Sachleistung aus der Pflegeversicherung wählen.

Fallen für bedürftige ehrenamtliche Pfleger

Bei Bedürftigkeit im berufsfähigen Alter wird häufig Arbeitslosengeld II gezahlt (ALG II). Wer einen Angehörigen pflegt, dem wird das Pflegegeld entgegen den Gepflogenheiten Mitte der 90er Jahre heutzutage nicht mehr angerechnet. Voraussetzung: Sie als Sohn oder Tochter machen aus der Pflege keinen Job und üben diese Tätigkeit bei mehreren Pflegefällen gewerblich aus. Solche anrechnungsfreien Einkünfte müssen auch bei neuerlichen Anträgen auf ALG II gar nicht angegeben werden. ALG-II-Empfänger selbst sind von Amtswegen gesetzlich kranken- und pflegeversichert.

Bei Sozialhilfe – genauer Ansprüchen für Nichterwerbsfähige – gilt rechtlich dasselbe wie beim ALG II. Praktisch wird das

Pflegegeld vom Sozialamt nicht auf das Sozialgeld des ehrenamtlichen Pflegers angerechnet. Noch vor zehn Jahren war das komplizierter: Heute gilt: Pflegegeld bleibt auch bei Empfängern von Sozialgeld anrechnungsfrei. Das betrifft nicht nur das Pflegegeld von der gesetzlichen Kasse zur häuslichen Pflegehilfe (§ 36 Absatz 1 SGB XI), sondern auch das Pflegegeld aus der privaten Pflegeversicherung (§§ 23 Absatz 1, 110 Absatz 1 Nr. 1 SGB XI).

Am Rande der Legalität: Haushaltshilfen

Ohne die Unterstützung ausländischer Frauen könnten viele Familien ihre pflegebedürftigen Angehörigen nicht in deren eigenen vier Wänden versorgen. Doch die Rechtslage ist kompliziert und häufig unklar. Die 24-Stunden-Betreuung durch eine Osteuropäerin gibt es für rund 1.500 bis 2.000 Euro im Monat. Ein ähnlicher Service durch inländische Pflegedienste oder -kräfte ist um ein Vielfaches teurer. Mit einer ganztägigen Pflege von Mutter oder Vater sind die zumeist berufstätigen Töchter oder Söhne aber hoffnungslos überfordert. Zudem sind die professionellen deutschen Pflegedienste nur für kurze Zeit vor Ort und konzentrieren sich auf die rein pflegerischen Maßnahmen. Wer alternativ als deutsche Pflegefachkraft in die Wohnung des Betroffenen einzieht und eine 24-Stunden-Betreuung absichert, verlangt nach Auskünften der Pflegekassen rund 6.000 Euro pro Monat. Wenn der Pflegedienst die Aufgaben auf mehrere Köpfe verteilt und ebenfalls die 24-Stunden-Betreuung kalkuliert, kommen sogar monatlich 10.000 Euro Kosten auf die Familien zu. Wer soll das bezahlen? Also liegt es auf der Hand, sich nach Alternativen aus dem Ausland umzuhören.

Damit bewegen sich die Betroffenen am Rande der Legalität. Denn Haushaltshilfen aus Polen, Tschechien, Ungarn, Bulgarien und anderen Ländern dürfen eben nicht pflegen: Hausarbeiten wie Putzen, Wäschewaschen und Kochen sind erlaubt. Verboten sind jedoch Arbeiten, die medizinische Kenntnisse erfordern, zum Beispiel Wundversorgung und Medikamentengabe.

Legal – illegal – mir doch egal, so die innere Haltung vor allem der Angehörigen. Wenn der Staat 60 Jahre nach seiner Gründung noch immer nicht in der Lage ist, bezahlbare Rahmenbedingungen für die Betreuung der alten Menschen zu schaffen, dann sollte er auch Selbsthilfe nicht bestrafen. Doch vor Strafen ist man auf dem grauen Pflegemarkt nie sicher: Die unentbehrlichen Helfer arbeiten zumeist unter der Hand und werden auch so bezahlt. Das will der Staat nicht tatenlos hinnehmen, ächzen die Sozialsysteme doch auch so unter finanziellen Mangelerscheinungen. Zudem sei die häusliche Pflege eben noch keine Dienstleistung, die frei über Grenzen hinweg angeboten werden darf. Und die einheimischen Pflegedienste fürchten um ihre Existenz. Daher sind manche auch nicht zimperlich, illegale Pflegekräfte anzuzeigen, wenn sie davon erfahren.

Ihre Odyssee schildert Heidemarie L., die auf der Suche nach einer Betreuung für ihre demenzkranke Mutter beinahe verzweifelt wäre.

||| Beispiel Heidemarie L.

„Meine Mutter lebt häufig in der Vergangenheit. Mal arbeitet ihr Verstand messerscharf. Im nächsten Moment fragt sie mich zum gleichen Sachverhalt, wie das damals gewesen ist. Der Wechsel von lichten Momenten zu völligem Abtauchen verläuft fließend. Schuld ist ihre Demenzerkrankung, die zu allem Unglück auch noch durch Parkinson verstärkt wird. Mit 84 ist da auch keine Besserung mehr in Sicht. Alles läuft auf das Gegenteil hinaus, den totalen Pflegefall. Als Mutter vor etwa zwei Jahren nachts im Schlafzimmer auf dem Weg zur Toilette stürzte und die Nachbarn durch laute Hilfeschreie alarmierte, war mir klar: Sie konnte nicht mehr den ganzen Tag allein zu Hause bleiben. Doch wie sollte ich die neue Situation meistern, wenn zugleich der Beruf, von dem ich nun mal den Lebensunterhalt bestreiten muss, nicht völlig an den Nagel gehängt werden konnte? Die ersten Anfragen waren ernüchternd. Ambulante Tagespflege hätte 3.000 Euro im Monat gekostet – unbezahlbar selbst für mich als verbeamtete Lehrerin. In der Zeitung las ich dann jeden Artikel zu Pflegehilfen, durchforstete das Internet nach Tipps von Selbsthilfegruppen und günstigen Adressen im Ausland. Zunächst völlig vergeblich. Der Zufall half weiter: Eine Freundin erzählte mir, dass sie beim Friseur von einer Einrichtung gelesen hatte, die sich ZAV nennt. Nach kurzer Zeit bekam ich im Internet heraus, dass sich hinter dieser Abkürzung etwas höchst Offizielles verbirgt – die „Zentrale Auslands- und Fachvermittlung" der Bundesagentur für Arbeit. Gerade von staatlicher Seite hatte ich überhaupt nicht mehr mit Hilfe gerechnet. Ein positiver Irrtum: Nach meinem Anruf bei der Behörde bekam ich im Gegenzug mehrere Telefonnummern. Eine Vermittlungsagentur schickte mir schließlich eine ausgebildete Krankenschwester aus Sofia. Die Bulgarin ist beinahe in meinem Alter und eine wahre Perle. Sie wohnt fortan mit mir und meiner Mutter zusammen. Geld fürs Essen steuern wir bei. So kostet die unbezahlbare Hilfe nur knapp 1.000 Euro im Monat. Offiziell darf sie trotz ihrer Ausbildung

▶

in Bulgarien nur waschen, kochen, putzen und sonstige Hausarbeit verrichten. Doch ob hinter verschlossenen Türen nicht auch Tabletten gereicht und meine Mutter gebadet wird, geht doch niemanden etwas an. Ich selbst bin jedenfalls nicht halb so qualifiziert und geübt. Doch ich dürfte offiziell all das übernehmen. Das ist doch paradox. Aber für alle Fälle habe ich mich erkundigt: Kontrollieren darf uns zu Hause ausschließlich der Zoll – und auch das nur mit Durchsuchungsbefehl. Bloß was würden die Beamten finden? Eine gute Freundin zu Besuch? In jedem Fall eine offiziell vermittelte Haushaltshilfe, die ihre Sozialbeiträge fleißig in Bulgarien entrichtet ... Ich kann nur hoffen, dass dieser Unfug bald aufhört. Und Marina nicht zu schnell das Heimweh nach ihrer Familie überkommt. Zum Glück für mich verdient sie bei uns netto das Doppelte von dem, was sie als Krankenschwester zu Hause bekäme. Das erhält uns ihren Elan hoffentlich noch eine Weile.“

Wer bei der Suche von Haushaltshilfen aus Osteuropa hilft

Zuallererst hilft die Mundpropaganda, denn in der Nachbarschaft ist womöglich schon eine Haushaltshilfe aus dem Ausland im Einsatz, von denen in Deutschland bereits mehr als 100 000 tätig sein sollen. Fragen kostet nichts. Offiziell dürfen sie im Haushalt kräftig zur Hand gehen, aber die Finger völlig von der Pflege lassen – zumindest noch bis 2011. Erst danach sollen ausländische Pflegekräfte hierzulande von Privathaushalten angestellt werden dürfen. Bis dahin sollte man auch offiziell stets nur nach „Haushaltshilfen" fragen.

Die Wege, fündig zu werden, sind bei Haushaltshilfen vielfältig. Wer sich an die schon erwähnte ZAV wendet, kann eine Haushaltshilfe ganz offiziell vermittelt bekommen, die jedoch kaum preiswerter als deutsche Hilfen kommen dürfte, weil das Gehalt ortsüblich sein muss und voller Sozialversicherungsbeitrag fällig wird. Der Privathaushalt muss zudem als Arbeitgeber auftreten und sich auf ganz bestimmte Bedingungen einlassen.

Voraussetzungen für eine erfolgreiche Bewerbung um ZAV-Haushaltshilfe

- Im Haushalt lebt jemand, der mindestens Pflegestufe 1 besitzt.
- Der Arbeitgeber gewährt eine angemessene Unterkunft (eigenes Zimmer).
- Die Arbeitszeit beträgt 38,5 Stunden (Mehrarbeit bringt mehr Geld oder Freizeit). Dauer: maximal drei Jahre.
- Es wird voller Sozialversicherungsbeitrag fällig (auch für die gesetzliche Unfallversicherung).
- Es werden keinerlei pflegerische Arbeiten verrichtet (wird nicht offiziell kontrolliert).
- Kontakt: ZAV, Tel.: 0228 7131414; E-Mail: Bonn-ZAV.Haushaltshilfen@arbeitsagentur.de

Spezielle Pflegekräfte aus dem Ausland dürfen ihre Dienste hierzulande auch in privaten Haushalten anbieten. Das ist sogar relativ preiswert. Voraussetzung: Sie können eine Entsendebescheinigung (E 101) aus ihrem Heimatland vorweisen. Dazu kooperieren deutsche Agenturen zur Vermittlung von Pflegekräften mit Pflegeunternehmen in Osteuropa. Die Pflege kostet rund 2.000 Euro pro Monat – Sozialversicherung, Fahrtkosten und Vermittlungsgebühr inklusive. Wobei letztere zwischen einmalig 490 Euro und rund 800 Euro pro Jahr schwanken. Der Markt ist noch unübersichtlich. Einige Anbieter: www.promedica24.de;

www.diefamilienagentur.com; www.ihrepflege.eu. Für die Pflegekräfte wird SV-Beitrag nur im Heimatland fällig, in Deutschland hingegen nicht. Dies hat der Bundesgerichtshof mit Urteil vom 24. Oktober 2006 klargestellt (Az.: 1 StR 44/06). Somit kann sich ein deutscher Arbeitgeber nicht wegen Sozialversicherungsbetrug strafbar machen, wenn eine Entsendebescheinigung vorliegt. Durch diese Entscheidung mutig geworden, sollen inzwischen sogar schon die ersten Wohlfahrtsverbände ausländische Helferinnen beschäftigen, um die Betreuung bezahlbar zu halten. Das Prinzip: Die ausländischen Helferinnen beaufsichtigen die Pflegebedürftigen – auch zu Hause. Sie helfen beim Essen und sind Begleiter beim Spaziergang, doch die professionelle Pflege bleibt in den Händen des Pflegedienstes.

Achtung: Es ist verboten, eine Pflegekraft zu beschäftigen, die weder in Deutschland noch im Ausland gemeldet ist. Dies wäre Schwarzarbeit, was zu Bußgeld von nicht selten 250 Euro pro Fall führen kann, das jeweils der Zoll nach Kontrollen verhängt. Wenn dann auch noch Sozialversicherungsbeiträge nachgefordert werden, weil eben keine Entsendebescheinigung vorliegt, kann dies eine Familie mehrere Tausend Euro kosten. Selbst die Anmeldung der Pflegekraft beim Finanzamt als Selbstständige ist derzeit noch kein guter Ausweg: Wenn die Finanzverwaltung dem Rentenversicherungsträger einen Tipp gibt, droht eine Prüfung wegen Scheinselbstständigkeit, die dann häufig festgestellt wird. Unterm Strich wird es teurer als mit einem regulären Pflegedienst und bringt zusätzlich erheblichen Ärger. Ein Rechtsanwalt empfindet dies als so unerträglich, dass er sich bewusst „erwischen" lassen hat. Nun klagt er sich durch die Instanzen. Das kann Jahre dauern.

Neben privaten und staatlichen Vermittlern kann man eine Haushaltshilfe für Mutter oder Vater aber auch auf konventionellem Weg finden. Neben dem Internet gibt es die altbewährte Möglichkeit, am schwarzen Brett im Supermarkt zu suchen oder ein Zeitungsinserat aufzugeben. Unter der Rubrik „Haushaltspersonal" oder ähnlichen Bezeichnungen findet sich in regionalen Tageszeitungen und Anzeigenblättern eine Vielzahl von Inseraten. Wer selbst inseriert, kann ganz genau seinen speziellen Bedarf beschreiben.

||| Musteranzeige für eine Haushaltshilfe (zur Pflege)

Zuverlässige Hilfe im Haushalt für 9 Std./Wo. von Privathaushalt in Hinterdupfingen gesucht. Einkommen Verhandlungssache: Basis 9 €/Std. Bei Gefallen mehr Zeit und Geld möglich. Kurzbewerbung unter Chiffre 12345

Seniorengerechtes Wohnen

Der Kompromiss zwischen dem Leben in der eigenen Wohnung, das im Pflegefall meist nicht mehr ohne Hilfe organisiert werden kann, und einem Pflegeheim ist der Umzug in eine für Senioren geeignete Wohnform, etwa das Betreute Wohnen, die auch im Pflegefall ihren Reiz haben kann. Mitunter ist sogar Probewohnen möglich, wie das Beispiel von Walter Z. zeigt.

||| **Beispiel Walter Z.**

„Ich habe meine Frau vor drei Jahren durch eine Krebserkrankung verloren. Mit 76 habe ich mich inzwischen im Alltag wieder halbwegs eingerichtet. Fühle mich zum Glück noch rüstig, auch wenn mein Hausarzt meint, in Kürze sollte ich die Pflegestufe 1 beantragen. Da meine Tochter 300 Kilometer entfernt lebt und arbeitet, muss ich womöglich die Weichen bald neu stellen. Der Arzt hat schon Recht: Seit einiger Zeit fällt mir das Einkaufen schwer. Ich habe keine Lust, die vollen Taschen drei Etagen in die Wohnung zu tragen. Als Folge esse ich seit längerem fast immer die gleichen Dinge, die auch nicht viel wiegen. Auch abends unternehme ich immer weniger, weil ich von den alltäglichen Verrichtungen schnell erschöpft bin. Und mit dem Ausziehen und Waschen dauert das auch immer länger. Meinen Freunden fiel auch schon auf, dass ich mich in letzter Zeit rar mache. Einer von ihnen kam schließlich auf eine Idee, die mich elektrisierte: Ganz in der Nähe bietet ein Seniorenstift altersgerechte Zimmer und Appartements an, bei denen eine gewisse Betreuung im Mietpreis eingeschlossen ist. Der Preis von 1.200 Euro schreckte erst einmal ab, aber ich entschloss mich schließlich zum Probewohnen: 14 Tage für 500 Euro. Weniger gibt man für zwei Wochen Urlaub auch nicht aus. Mein Eindruck ist außerordentlich gut. Das Appartement mit Einbauschrank, Einbauküche und Duschbad verfügt auch über einen sonnigen Balkon. ▶

Ums Saubermachen müsste ich mich nicht kümmern – jede Woche wird das vom Reinigungsdienst erledigt. Eine Rufbereitschaft rund um die Uhr könnte im Ernstfall sehr schnell einen Arzt herbeischaffen. Das Angebot, Veranstaltungen und Aktivitäten zu organisieren, finde ich ebenfalls toll. Mittagsmenüs sind schon im Grundpreis enthalten. Hier könnte ich weitgehend selbstbestimmt in die nächsten Jahre gehen, wenn der Gesundheitszustand halbwegs so bleibt. Die jetzt erst leichte Abhängigkeit von anderen Menschen wäre in der Wohnanlage zu verkraften, das soziale Umfeld prima. Nach 14 Tagen war mir klar, dass ich mich in diesem Haus wohlfühlen würde. Allerdings brachte der Kassensturz zutage, dass 60 Prozent meiner Rente damit nur für das Wohnen zu zahlen wären. Mit weiteren Extras, etwa Einkaufsservice, Wäschedienst, Hol- und Bringdienst oder Aufnahme in die Kurzzeitpflege würde mein finanzieller Rahmen bald gesprengt. Das beunruhigt mich sehr, weil die Ersparnisse dann keine zwei Jahre reichen würden, ich aber meiner Tochter niemals finanziell zur Last fallen will. Jetzt überlege ich, ob das Probewohnen anderswo vielleicht etwas günstiger käme. Dafür studiere ich nun Prospekte von Wohnanlagen – wie früher die Urlaubskataloge im Reisebüro."

Umbau der elterlichen Wohnung

Die Entscheidung für eine altersgemäße Wohnform fällt häufig im Alter zwischen 60 und 75 Jahren. Der Wunsch nach Selbstständigkeit ist dabei stark ausgeprägt, auch innerhalb der Mietwohnung möchten die meisten ohne fremde Hilfe leben können. Stellen sich schwere gesundheitliche Beeinträchtigungen ein, etwa Schwierigkeiten beim Treppensteigen oder nichtrollstuhlgerechtem Zugang zur Wohnung, sollten die Betroffenen oder Sie als Angehöriger das Gespräch mit dem Vermieter suchen.

Denn: Umbauten in der Wohnung, die ohne Zustimmung erfolgen, müssten beim späteren Auszug wieder beseitigt werden, und zwar auf eigene Kosten. Über Zuschüsse sollten Sie mit dem behandelnden Arzt, der Kranken- oder Pflegekasse reden. Nicht immer ist jedoch die Pflegeversicherung für Zuschüsse zuständig.

- Unfallversicherungsträger: bei Pflegebedürftigkeit durch Arbeitsunfall oder Berufskrankheit
- Integrationsamt: für berufstätige Pflegebedürftige mit Schwerbehinderung (ab 50 Prozent Erwerbsminderung)
- Sozial- und Versorgungsamt: Altenhilfe für Sozialhilfeempfänger als Ergänzung zur Pflegeversicherung

Auf eigene Kosten ist Mietern die barrierearme Gestaltung der Wohnung erlaubt, wenn der entsprechende Hilfe- oder Pflegebedarf besteht. Diese Nachrüstung muss bei späterem Auszug nicht zurückgebaut werden, sagt die Verbraucherzentrale Nordrhein-Westfalen. Anders bei prophylaktischen Umbauten: Hier sollte mit dem Vermieter eine schriftliche Vereinbarung getroffen werden, damit es beim Auszug nicht zum Streit kommt (Formulierungs-Tipp: „Es wäre schön, wenn Sie sich an den Kosten in Höhe von … Prozent beteiligen würden. Ich hoffe aber zunächst auf Ihre generelle Bereitschaft, solche Umbauten zu dulden, ohne sie beim Auszug wieder beseitigen zu müssen."). Reichen die finanziellen und technischen Möglichkeiten nicht aus, empfiehlt sich der Umzug in eine andere Mietwohnung, die bereits altengerecht ist.

Die „alten Jungen" (bis 60) und die „jungen Alten" (bis 70) suchen laut einer Empirica-Studie von 2006 vor allem Wohnangebote ohne professionelle Hilfsleistungen. Sie sind für Geschosswohnungen in überschaubaren Häusern mit Aufzug und weitgehender Schwellenfreiheit ansprechbar. Singles suchen dabei mindestens Zweizimmerwohnungen, Paare mindestens drei bis vier Zimmer. Die „mittelalten Alten (bis 80) suchen eher Wohnangebote mit Hilfs- oder Pflegeleistungen, allerdings ohne Rundumversorgung, sondern mit Tag- und Nachtpräsenz des Personals (bei geringer Grundpauschale). Die „alten Alten" (ab 80) ziehen vorwiegend bei Hilfs- oder Pflegebedürftigkeit um und suchen dann Einrichtungen der Altenhilfe bzw. Wohngruppen. Ebenfalls interessant: Nur gut 30 Prozent der Eigentümer und gut 20 Prozent der Mieter können sich vorstellen, mit ihren Kindern bzw. der Familie gemeinsam in einem Haus oder in einer Wohnung zu wohnen. Lediglich acht Prozent der umzugswilligen Älteren ziehen in Betracht, mit Freunden bzw. Gleichgesinnten in einer Wohngemeinschaft, also ohne eigenständige Wohnung, zu leben.

Wer bei der Wohnungsanpassung berät

Je nach Art der baulichen Veränderung geben Bund und Länder Zuschüsse. In Baden-Württemberg existiert sogar eine Zentrale Beratungsstelle für Wohnanpassung im Alter und bei Behinderung, angesiedelt beim Landeswohlfahrtsverband Württemberg-Hohenzollern in Stuttgart. Sie bündelt Informationen insbesondere für Pflegebedürftige und ältere, gebrechliche Menschen. Die meisten anderen Bundesländer haben ähnliche Stellen unter anderem Namen eingerichtet. Darüber hinaus gibt es weitere gute Adressen. So betreibt das Kuratorium Wohnen im Alter, das als gemeinnützige Aktiengesellschaft firmiert, bundesweit 14 Altenwohnstifte, eine Klinik für Neurologische und Geriatrische Rehabilitation, eine eigene Altenpflegschule, das KWA

Bildungszentrum sowie eine Wohnpflege für behinderte Menschen. Weitere Information: www.kwa.de.

Einige Vereine konzentrieren sich ebenfalls auf spezielle Wohnformen im Alter, darunter:

- Bundesarbeitsgemeinschaft Wohnungsanpassung, Verein zur Förderung des selbständigen Wohnens älterer und behinderter Menschen, in Berlin (www.wohnungsanpassung.de);
- Forum Gemeinschaftliches Wohnen Bundesvereinigung (FGW) in Hannover (www.fgwa.de), das sich um Wohnformen verschiedener Generationen miteinander kümmert.

Die Wohnungsberatung finanziert sich zum Teil über Gebühren. Wer schon eine Pflegestufe besitzt, kann sich die Gebühren von der Pflegekasse als „vorbereitende Leistung für eine Wohnumfeld verbessernde Maßnahme" erstatten lassen. Die Erstberatung ist meist kostenlos.

Wohnumfeld verbessernde Maßnahmen

Die Pflegeversicherung bezahlt alle Maßnahmen, die das Wohnumfeld des Pflegebedürftigen verbessern. Dazu gehören die Umzugskosten, wenn durch den Wechsel von einer Wohnung aus dem Obergeschoss in eine Parterrewohnung die Pflegesituation verbessert wird. Die erste Prüfung vor Ort nimmt bereits der Gutachter des MDK vor. Finanzielle Zuschüsse sind vor allem dann möglich, wenn:

- bereits die Pflegeeinstufung erfolgt ist (mindestens Stufe 1),
- eine selbstständige Lebensführung angestrebt wird und
- durch den Umbau eine Erleichterung der häuslichen Pflege möglich ist.

Der Zuschuss der Pflegekasse ist auf 2.557 Euro begrenzt. Er kann jedoch erneut beantragt werden, wenn sich die Pflegesituation verändert und weitere bauliche Maßnahmen Entlastung bringen könnten. Beispiele: rollstuhlgerechte Türverbreiterungen oder ein Treppenlift. Der Eigenanteil des Pflegebedürftigen beträgt zehn Prozent der Kosten, im Einzelfall werden aber bis zu 50 Prozent der monatlichen Bruttoeinnahmen, die der Pflegebedürftigen zum Lebensunterhalt verfügbar hat, an Selbstbeteiligung verlangt.

Bevor Sie Ihre Eltern oder einen Elternteil darin unterstützen, die Wohnung umbauen zu lassen, sollte genau überlegt werden, ob es nicht sinnvoller wäre, in eine bereits altengerechte Wohnung zu ziehen. In Ihrer Nähe, wenn die Eltern es wünschen, oder in der vertrauten Gegend, wenn dort soziale Kontakte bestehen. Besprechen Sie dies in aller Ruhe, denn ein Umzug kann – gut organisiert – für ältere Menschen angenehmer sein als wochenlang Handwerker erdulden zu müssen.

Die eigenen vier Wände im Pflegefall

Die radikale Änderung der Lebensumstände durch den Pflegefall bringt es mit sich, dass die Betroffenen keinerlei praktische Erfahrung besitzen, was sich im Alltag der eigenen vier Wände ändern muss, um in der eigenen Wohnung halbwegs vernünftig weiterleben zu können. Deshalb hier die wichtigsten Punkte im Überblick (siehe Checkliste).

Checkliste: Anpassung der Wohnung im Pflegefall

Eingangsbereich

- Barrierefreier Zugang?
- Wohnungseingangstür leicht zu öffnen, Klinke gut erreichbar?
- Bei Treppen: Existiert ein Handlauf? Ist der Belag rutschfest?
- Ist der Briefkasten auch für Rollstuhlfahrer erreichbar?
- Bei Fahrstuhl: Ist der Innenraum mindestens 1,10 Meter breit und 1,40 Meter tief?
- Hat die Wohnungseingangstür einen Türspion mit 180 Grad Sehwinkel?
- Hat die Tür eine Breite von mindestens 90 Zentimeter?

Wohnungsinneres

- Sind die Türen mindestens 80 Zentimeter breit?
- Sind alle Räume stufenlos erreichbar?
- Teppiche und Läufer rutschfest und ohne Wölbungen?
- Ist eine ausreichende Belüftung möglich (Bedienbarkeit der Fenstergriffe)?
- Für Rollstuhlfahrer: Sind die Wege 1,20 Meter breit?

Bad/WC

- Gehen Türen nach außen auf?
- Ist die Dusche gleitfest (kleine Fugen!) und stufenlos begehbar?
- Existiert eine Sitzmöglichkeit in Badewanne bzw. Dusche?
- Unterfahrbarkeit des Handwaschbeckens für Rollstuhlfahrer?
- Passende Sitzhöhe des WC?

Küche

- Sind Herd, Spüle und Arbeitsflächen unterfahrbar?
- Sind die Hängeschränke auch im Sitzen gut erreichbar?
- Sind Backofen und Mikrowelle gut erreichbar und einsehbar?

Wer wünscht es sich nicht, im Alter in den eigenen vier Wänden bleiben zu können.

Schlafzimmer

- Kann man das Zimmer auch vom Bett aus gut verdunkeln?
- Gibt es einen Lichtschalter am Bett?
- Entspricht das Bett Pflegeanforderungen?

Betreutes Wohnen als Kompromiss

Betreutes Wohnen ist eine Wohn- und Versorgungsform für ältere Menschen, die trotz gesundheitlicher Beeinträchtigungen weiterhin zu einer selbstständigen Wohn- und Lebensweise fähig sind. Bei Bedarf werden ein Betreuungsangebot für den Hilfe- und Pflegefall unterstützt. Das kann zu Hause funktionieren, häufiger aber in speziellen Wohnanlagen. Wie eine Studie der gerontologischen Forschungsgruppe der Universität Augsburg ergab, lehnt es allerdings jeder dritte Träger einer solchen Einrichtung ab, Interessenten mit einer beginnenden Altersverwirrtheit aufzunehmen.

Die Untersuchung belegt: Das Durchschnittsalter beim Betreuten Wohnen liegt bei 77,9 Jahren. Über 90 Prozent der Nutzer wünschen sich, dass dies ihr letzter Umzug im Leben ist und sie auch bei Pflegebedürftigkeit versorgt werden. Dazu erwarten sie in der Mehrzahl, dass verbindliche Optionen für weitere Dienstleistungen geschlossen werden können. Die individuelle Auswahl richtet sich naturgemäß nach der eigenen Krankengeschichte. So leiden drei Viertel der künftigen Nutzer des Betreuten Wohnens an Geh- und Bewegungsbeschwerden, zwei Drittel an Herz- und Kreislaufproblemen und rund die Hälfte an Seh- und Hörstörungen. An Gehbeschwerden leidet auch Christa C.

||| Beispiel Christa C.

„Ich habe seit vielen Jahren Durchblutungsstörungen in den Beinen und kann schlecht laufen. Einkäufe, Arztbesuche, Treffen mit Verwandten und Bekannten – all dies fällt mir schwer und verlangt jedes Mal eine gute Organisation. Ins Altenheim will ich aber nicht. Es graut mir vor einem Tagesablauf, den weitgehend andere bestimmen. Ich fühlte mich mit 76 Jahren einfach noch zu jung für ein Leben mit Leuten, die bereits viel stärker vom Alter gebeutelt sind. Andererseits konnte es bei mir nicht so weitergehen wie bisher. Als in unmittelbarer Nachbarschaft ein neuer Gebäudekomplex hochgezogen wurde, las ich an der Bautafel, dass hier künftig „Betreutes Wohnen" angesiedelt ist. Neugierig geworden erkundigte ich mich nach Einzelheiten: Geplant waren abgeschlossene Wohnungen; man konnte also die eigenen Möbel mitnehmen. Eine Notrufanlage gehörte ebenso zum Standard wie

▶

ein Hausmeisterdienst und die Erledigung von Kleinreparaturen. Allerdings ist die Grundmiete deswegen höher als in meiner jetzigen Wohnung. Als Lehrerin im Ruhestand ist es für mich aber finanziell nicht unmöglich. Es reizt die Möglichkeit zum regelmäßigen Kontakt mit den anderen Bewohnern, denn auch ein Mehrzweckraum für kulturelle Veranstaltungen ist vorgesehen. Die Preise für zusätzliche Dienste wie Einkaufsservice, Wäschedienst, Reinigungsdienst, psychosoziale Betreuung, Hol- und Bringdienste stehen noch nicht fest. Ein weiterer Pluspunkt ist: Eine intensive Pflege ist im gemieteten Appartement möglich. Dies würde den späteren Wechsel in ein externes Pflegeheim überflüssig machen. Das alles spricht mich sehr an. Nun habe ich noch drei Monate Zeit, bis das Haus fertig ist. Sicherheitshalber habe ich mich schon mal für den Einzug vormerken lassen, kann mich aber immer noch anders entscheiden."

Diese Entscheidungsfreiheit haben viele pflegebedürftige Senioren gar nicht, denn Betreutes Wohnen ist meist sehr teuer. Immobiliengutachter kennen den Grund: Barrierefreie Wohnungen benötigen viele Sondereinbauten wie breitere Türen ohne Schwelle und auch vergleichsweise größere Küchen, Bäder und Flure. Dadurch liegt der Kaufpreis mindestens zehn Prozent höher bzw. die Miete zehn bis 20 Prozent als bei herkömmlichen Wohnungen mit vergleichbarem Komfort. Hinzu kommen Zuschläge in der Grundmiete für Gemeinschaftsräume wie Bibliothek oder Foyer. Für die zusätzlichen Dienste muss man mit eine Servicepauschale zwischen 50 und 150 Euro pro Monat rechnen; häufig sind Leistungen auch einzeln buchbar. Alles in allem sind viele Senioren damit finanziell überfordert. Das gilt erst recht, wenn der Pflegefall bereits eingetreten ist.

Für das Betreute Wohnen gibt es bislang keine verbindlichen Standards, daher sind Qualität, Art und Umfang der Hilfen sehr unterschiedlich. Interessenten sollten daher dringend verschiedene Angebote und die Kosten vergleichen, damit es am Ende keine bösen Überraschungen gibt. Am besten ist es, Sie unterstützen Ihre Eltern oder einen Elternteil von vornherein darin, denn viele ältere Menschen sind damit völlig überfordert.

Checkliste:
Qualitätsmerkmale für Betreutes Wohnen

Wohnanlage
- Erreichbarkeit von Einkaufsmöglichkeiten, Restaurants, Cafés, Banken, Post, Arztpraxen, Apotheken?
- Verkehrsanbindung und barrierefreier Zugang?

Wohnumfeld
- Ermöglichen Ausstattung und Grundriss selbst bestimmtes Leben?
- Ist ein hohes Maß an Individualität, Privatsphäre gegeben?

Gesellschaftliches Leben
- Besteht unverbindliche Auswahl-Möglichkeit vielfältiger Angebote?
- Erlauben Gemeinschaftsräume Kommunikation der Bewohner?

Serviceangebote
- Werden dauerhaft Dienste wie Einkauf, Reinigung oder Verpflegung garantiert?
- Gibt es eine hausinterne Versorgung durch qualifiziertes Personal für Pflege?
- Ist die Wahlfreiheit bei service- und Pflegeangeboten uneingeschränkt möglich?

Kosten und Recht

- Was zeigt die genaue Aufschlüsselung der Kosten, insbesondere für Zusatzleistungen (nicht selten werden scheinbar günstige Mieten durch überzogene Betreuungspauschalen wieder „wettgemacht")?
- Meist sind zwei Verträge nötig: Miet- sowie Betreuungsvertrag. Gibt es Fallen?
- Wenn Mietvertrag eine Klausel enthält, die bei Verschlechterung des Gesundheitszustandes oder Eintritt von Pflegebedürftigkeit zur Kündigung führt, ist es die falsche Einrichtung.
- Wird bei Eintritt der Pflegebedürftigkeit eine kurzfristige Pflege angeboten, etwa nach einer Krankheit.
- Werden für dauerhafte Pflegefälle genügend ambulante Pflegeleistungen geboten?

Tipp: Lassen Sie sich ausführliches Informationsmaterial der verschiedenen Häuser zusenden. Sehen Sie sich mehrere Häuser an und vergleichen Sie die Angebote mit Ihren persönlichen Vorlieben. Wenn möglich, sprechen Sie gemeinsam mit dem betroffenen Elternteil mit den Bewohnern. Das Betreute Wohnen ist nicht preiswert. Daher ist es überlegenswert, ob nicht für die Mehrkosten eine Hilfskraft beschäftigt werden kann, die den Haushalt regelt und auch bei der Medikamentengabe, dem wöchentlichen Baden und sonstigen Anforderungen behilflich ist.

Betreute Wohngemeinschaften

Statt Einzelappartements im Betreuten Wohnen gibt es inzwischen auch erste Betreute Wohngemeinschaften. Die sind zum einen für die Menschen gedacht, die allein nicht mehr gut zurechtkommen. Ziel ist es, den Alltag in der Gemeinschaft zu meistern. Aber sie sind auch eine Alternative für Menschen, die nicht allein leben möchten und kontaktfreudig sind. Die Bewohner leben in barrierefrei umgestalteten Wohnungen. Küche und Wohnzimmer werden gemeinsam genutzt, daneben hat jeder Mieter ein eigenes Zimmer. Unterstützt wird die WG durch Betreuungspersonal, das den Haushalt organisiert und den Alltag gestaltet. Wie bei der ambulanten Pflege kümmert sich der ambulante Dienst bei Pflegebedürftigkeit um die älteren Mieter. Die Bewohner zahlen die Kosten für ihre Privaträume und anteilig für die Gemeinschaftsräume, Haushaltsgeld und Betreuungspersonal. Hinzu kommen noch individuelle Pflegekosten. Das ist nicht deutlich preiswerter als Betreutes Einzel-Wohnen und im Pflegefall ebenfalls kaum erschwinglich.

||| Beispiel Sophie U.

„Als mein Vater starb, gab er mir ein schweres Vermächtnis mit auf den Weg: Kümmere dich um Mutter. Die ist inzwischen 78 Jahre alt und leidet schon ihr Leben lang an Depressionen. Leider ist sie inzwischen auch nicht mehr gut zu Fuß. Ihr ständiges Jammern hat sie über viele Jahre gezielt eingesetzt, um ihren Willen durchzusetzen, was mich auf Dauer unheimlich gestört hat. Das geht soweit, dass ich meine Mutter nicht wirklich liebe. Nach dem Tod meines Vaters fand ich einen Platz im Betreuten Wohnen. Am Anfang lief das auch gar nicht schlecht, obwohl der Platz nicht gerade billig war. Aber mit der Witwenrente meines Vaters klappte es ganz gut. Sogar das Frühstück wurde ihr dort aufs Zimmer gebracht. Mittags begleitete ein Betreuer sie zum Essen in den Speisesaal. Und am Nachmittag kümmerte ich mich dann um sie. Doch viele Vorschläge lehnte sie ab. Nur ins Café um die Ecke konnte ich sie vereinzelt locken. Abends wurde sie dann von mir geduscht und bettfertig ▶

gemacht. Doch die vielen langen Nachmittage belasteten mich auch deswegen, weil ich mit meiner Mutter kaum reden konnte. Es ist eben kein leichtes Unterfangen, wenn jede Idee im Keim erstickt und gesagt wird: ‚Ich kann nicht.' Immer öfter hörte ich dann den Satz ‚Ach wäre ich doch schon tot.' Richtig kompliziert wurde es, als sie drei Jahre später stürzte und sich den Oberschenkelhals brach. Nach dem Klinikaufenthalt blieben heftige Schmerzen, doch in der Wohnanlage bekam ich nicht mal dann Hilfe, wenn ich dringend und persönlich danach verlangte. So kam der Pfleger mehrfach nicht mit dem versprochenen Schmerzmittel – trotz Verabredung. Derweil krümmte sich meine Mutter über Stunden unter den Schmerzen. Mir kommen heute noch die Tränen, wenn ich daran denke. Als ich mich beschwerte, hieß es, dass zu wenig Personal vorhanden sei. Darauf ich: Dann muss meine Mutter eben in die angeschlossene Pflegestation. Darauf die Dame an der Rezeption: Da ist auch nicht mehr Pflegepersonal als hier. Schließlich musste meine Mutter wegen des Bruches erneut ins Krankenhaus. Die Ärzte hatten wenig Hoffnung, dass sie noch einmal auf die Beine kam. Mutter starb dann auch in der Klinik. Damit ist das Vermächtnis meines Vaters erfüllt. Der Begriff Betreutes Wohnen hat bei mir jedoch einen bitteren Nachgeschmack hinterlassen."

Altenheimverträge

Wenn der Betroffene den Haushalt nicht mehr allein führen kann und Sie als Sohn oder Tochter aus beruflichen, familiären oder anderen Gründen nicht in der Lage sind, sich um Vater oder Mutter zu kümmern, kommt ein Seniorenheim (Altenheim oder Pflegeheim) in Betracht, in dem die volle Versorgung und Betreuung – samt Arzt – gewährleistet ist. Das gilt auch dann, wenn das Betreute Wohnen, also der Mix aus Service, Sicherheit und Zusammenleben, nicht mehr ohne dauerhafte Hilfe möglich ist. Im Heim gilt die Besonderheit, dass sowohl ein Miet- als auch ein Betreuungsvertrag nötig sind.

Die wichtigsten Punkte in den Heimverträgen

Mietvertrag
- Beschreibung der Wohnung samt Aussagen zur Barrierefreiheit
- Preise und Regelungen zu Preiserhöhungen
- Kündigungsfristen
- Hausordnung

Betreuungsvertrag
- detaillierte Beschreibung der Leistungen im „Grundservice"
- Kosten für den Grundservice
- Liste mit Art, Umfang und Preisen der Wahlleistungen
- Kündigungsregelungen und -fristen
- Beschreibung und Kosten der Hilfen im Pflegefall

Quelle: Verbraucherzentrale Bundesverband

Ist langfristig pflegerische Betreuung erforderlich, eignet sich ein Altenkrankenheim oder Altenpflegeheim am besten. Die Angebote sind regional sehr unterschiedlich, die Nachfrage häufig sehr groß. Fragen Sie daher rechtzeitig beim Sozialamt, Wohlfahrtsverbänden oder der Kirchengemeinde nach. Aber aufgepasst: Die Unterbringung in Alten- und Pflegeheimen ist teuer, zumal die Pflegeversicherung bei weitem nicht für alle Kosten aufkommt. Beratung zu Heimverträgen bieten vor allem die Verbraucherzentralen sowie die BIVA – Bundesinteressenvertretung der Nutzer von Wohn- und Betreuungsangeboten im Alter und bei Behinderung (www.biva.de).

Wohin bei fortgeschrittener Pflegebedürftigkeit?

Die Pflege in einer vollstationären Einrichtung kommt in Betracht, wenn häusliche Pflege nicht mehr ausreicht. Das prüft der Medizinische Dienst (MDK) bei der Begutachtung des Pflegefalles gleich mit. Kann also kein Angehöriger die Pflege übernehmen oder die räumlichen Gegebenheiten zu Hause erlauben keine Pflege oder es droht gar Verwahrlosung, ist der Umzug in ein Heim unausweichlich. Aber aufgepasst: Wer ins Pflegeheim einzieht, obwohl er nach Einstufung der Kasse noch mit häuslicher Pflege zu versorgen wäre, erhält im Heim auch nur die Leistungen für häusliche Pflege in seiner Pflegestufe. Damit verschärft sich das finanzielle Minus gegenüber der häuslichen Pflege. In Stufe 2 etwa werden dann nur Sachleistungen für 980 Euro gewährt, im Heim dagegen bei Anerkennung stationärer Pflege 1.278 Euro. Nachteil: 298 Euro pro Monat.

||| Beispiel Willi R.

„Meine Frau ist das Beste, was mir je passiert ist. Die Folgen einer Kinderlähmung bin ich nie losgeworden. Auch mit 74 kann ich nur mit einem Strohhalm trinken. Ansonsten verläuft das Leben relativ geordnet. Mit einer Ausnahme: Ich muss inzwischen fast den ganzen Tag im Bett verbringen. Das hat meine Frau Waltraud, die ein Jahr jünger ist als ich, an die Grenzen ihrer Kräfte gebracht. Waschen und rasieren ist ja für eine Frau noch beherrschbar, aber wenn man einen schweren Mann wie mich jeden Tag drehen und wenden soll, geht das auf die Dauer nicht gut. Daher haben wir hin und her überlegt, wie wir unser Leben so ändern können, dass beide davon

▶

etwas haben. Doch es fällt uns nichts Vernünftiges ein. Die rettende Idee kam von unserer Enkelin, die gerade ein freiwilliges soziales Jahr in einem Altenheim macht. Das Haus gefällt ihr und nach einer Stippvisite auch uns: Die Zimmer sind sauber, der Garten gepflegt, die Sitzecken auf den Fluren gemütlich. Schließlich beziehen wir ein Doppelzimmer, das 24 Quadratmeter misst. Der Einzug ist jetzt zwei Jahre her. Der Tag beginnt kurz nach sieben Uhr, wenn mein Pfleger zum Waschen und rasieren kommt. Das Frühstück bekomme ich ebenfalls ans Bett gebracht. Meine Frau geht dann in den großen Speiseraum zu den anderen, weil sie den Austausch braucht. Das vermisse ich schon, aber wenn sie mir dann hinterher alles erzählt, ist es fast so, als wäre ich dabei gewesen. Schön ist auch, dass man in dieser christlichen Einrichtung mit hauseigener Kapelle zum Gebet ermuntert wird, wenn man es denn wünscht. Ein Heim ist für viele die Endstation im Leben; daher gibt es auch so viele Berührungsängste und Tabus. Doch für mich ist schon lange klar, dass ich nur noch in einem Heim gut aufgehoben bin. Wenn es denn – wie Gott sei Dank bei uns – ein gutes Heim ist. Das hat auch meine Frau, die viel rüstiger ist als ich, sehr schnell gemerkt und schätzen gelernt."

Endstation Pflegeheim

Solche Eindrücke, wie Willi R. sie schildert, sind nicht die Regel. Im Gegenteil: Viele Betroffene kommen sich bei der suche nach einem Heim vor wie beim Glücksspiel. Man kann einen Haupttreffer landen oder eine Niete ziehen. Nur die Konsequenzen sind viel brutaler. Weil Fehler und Nachlässigkeiten sich unmittelbar auf die Lebensqualität auswirken, und das mitunter über mehrere Jahre. Deshalb ist es besonders wichtig, dass Sie als Angehörige frühzeitig auch Pflegeheime begutachten, um für den Ernstfall, der manchmal plötzlich eintreten kann, gerüstet zu sein. Ansonsten bleibt nichts Anderes übrig, als den Pflegebedürftigen auf die Schnelle in ein Heim zu bringen, das sich dann durchaus als Niete herausstellen kann.

Hier nur einige Kostproben, die sich aus Tausenden von Fällen bei Claus Fussek, dem engagierten Sozialkritiker aus München angesammelt haben:

Da ist der Fall von Maria K., die gerade 40 ist, als der greise Vater stirbt. Die Mutter, gerade 77 geworden, zeigt deutliche Zeichen von Verwirrtheit. Zunächst bleibt die Mutter jedoch in der

Von vielen zu Recht gefürchtet: Endstation Pflegeheim.

gewohnten Umgebung. Der Bruder, Arzt mit eigener Praxis im Hause der Mutter, sieht ständig nach dem Rechten. „Doch der Verfall schreitet voran", berichtet Maria K. „Zwischendurch nehme ich sie mal eine Woche zu mir. Doch das endet als Katastrophe: Schon nach zwei Tagen verliere ich die Geduld. Laufend muss ich bei ihr sein. Wenn ich sie dann endlich gegen 22 Uhr ins Bett bringen will, weigert sie sich. Das zieht sich bis nachts um zwei Uhr hin. Während ich ihr dann die Strümpfe ausziehe, zieht sie sich die Jacke wieder an. Das Zeitgefühl lässt ja bei Demenz enorm nach, aber die Auswirkungen im Alltag trafen mich doch wie ein Schock. Das Experiment Pflege bei mir zu Hause, wo auch die Erziehung von drei kleinen Kindern ansteht, wurde abgebrochen. Also organisierte mein Bruder die Pflege vier weitere Jahre in der eigenen Wohnung. Dann stand fest: Wir müssen ein Heim finden. Ein Glück, dass mein Bruder sich als Arzt gut auskennt. Wir fanden ein ziemlich einfach ausgestattetes Haus, in das auch eigene Möbel mitgebracht werden durften. Die Leute sind sehr herzlich. Meine demenzkranke Mutter fühlt sich wie in einem Sanatorium. Auch das ist ein Glücksfall. Bis zu dem Tag, als sie mich beim Besuch fragt: Wer sind Sie denn? Mein erster Eindruck: Jetzt hat sie dich verlassen. Doch der Aufenthalt im Heim zieht sich noch über drei weitere Jahre hin. Zum Schluss geht alles sehr schnell: Mutter reagiert auf nichts mehr, will weder essen noch trinken. In der Nacht geht sie von uns, während ich ihre Hand halte."

Ein anderes Beispiel: „Der erste Tag im Heim ist immer der schlimmste", sagt Franziska B. Dabei hatte sie schon Erfahrungen mit einem anderen Heim. Doch 48 Stufen bis zum eigenen Zimmer im zweiten Stockwerk waren für die 87-Jährige letztlich auf Dauer zu viel. Fahrstuhl: Fehlanzeige! Nun hat sie auf 25 Quadratmetern eine neue Heimat gefunden – allerdings ohne eigene Möbel. Nur die engsten Familienfotos zogen mit. Das tat schon weh. 40 Jahre half sie als Kinderkrankenschwester neuem Leben auf die Welt. Jetzt genießt sie die Ruhe und versucht, jeden Tag als Geschenk zu nehmen. Seelischen Beistand, wie ihn andere Bewohner in der ersten Zeit im Heim benötigen, brauche sie nicht. Der tägliche Ablauf gefällt ihr sogar im Rahmen der gesundheitlichen Einschränkungen (Pflegestufe 2): Gedächtnistraining, Gymnastik, kreatives Gestalten, Gottesdienst, Quiz, Backen, Vorlesestunde, Musiktherapie und anderes. Das hört sich an wie in Grimms Märchen, entstammt aber dem Alltag eines Seniorenheims in Berlin. Die schwersten Pflegefälle haben davon allerdings kaum etwas.

Wesentlich dramatischer erging es Johanna P., die für ihre demenzkranke Mutter die Flucht aus einem Pflegeheim organisierte. Dieser Fall ist verbürgt, bestätigt Pflegekritiker Claus Fussek von der Vereinigung für Integrationsförderung. Das Heim hatte seine eigenen Vorstellungen von Pflege und wollte der Mutter mit Hilfe eines Neurologen unbedingt eine Magensonde verpassen. Als Betreuerin für den Gesundheitsbereich hatte die Tochter dies kategorisch abgelehnt. Es gab keine medizinische Notwendigkeit. Bedingt durch eine Bronchitis war lediglich etwas mehr Fürsorge und Zeit beim Essen und Trinken nötig als sonst. Doch diese Zeit war wohl zu viel verlangt. Stattdessen arbeiteten Pflegeheim und Arzt daran, der Tochter das Betreuungsmandat zu entziehen. Der Richter hatte schon einen Rechtsanwalt als Betreuer bestellt. Bevor sie machtlos hätte zusehen müssen, dass Magensonde und Blasenkatheter auf Dauer bei der Mutter gelegt werden, gelang die spektakuläre Flucht in ein anderes Heim, wo kurzfristig ein Platz im Kurzzeit-Pflegeprogramm organisiert wurde. Die Magensonde blieb ihr somit erspart, der Katheter wurde entfernt. Die Mutter isst und trinkt wieder selbstständig, obwohl ihr im alten Heim wegen der Schluckstörungen prophezeit worden war, in Kürze zu verdursten. Zur teilweisen Genesung trug auch das Konzept des neuen Heimes bei, das auf Betreute Wohngruppen ausgerichtet ist. Vieles spielt sich jetzt in der gemütlichen Wohnküche ab, wo jeder mit kleinen Handreichungen aktiv in den Tagesablauf einbezogen wird. Diese Einbindung hat Wunder bewirkt: Die Mutter spricht wieder in ganzen Sätzen, nimmt ihre Umgebung intensiver war und gibt gekonnt ihren Senf dazu. Sie fühlt sich einfach wieder wohl. Und die finanzielle Ausstattung ist im neuen Heim nicht besser als im alten.

Die Beispiele zeigen, wie wichtig es ist, dass Sie als Tochter oder Sohn nicht die Augen verschließen. Ist absehbar, dass Vater oder Mutter in ein Pflegeheim müssen, sollten Sie gezielt Einrichtungen ansehen, mit den Bewohnern sprechen und sich die Verträge mitgeben lassen. Wenn Sie rechtzeitig nach einem geeigneten Heim Ausschau halten, ist die Chance, ein gutes Heim zu finden, größer.

Leistungen bei stationärer Pflege

Die Pflegekasse übernimmt bei stationärer Pflege die Aufwendungen für allgemeine Pflege, soziale Betreuung und für medizinische Behandlungspflege, darunter Spritzen, Verbandswechsel, Einreibungen usw. Allerdings wird die Leistung nur bis zu bestimmten Höchstgrenzen erstattet.

Leistungen der gesetzlichen Pflegeversicherung

Leistungen		Pflegestufe		
		I (1,5 h/Tag)	II (3 h/Tag)	III (5 h/Tag)
vollstationäre Pflege	pro Monat	1.023	1.279	1.470[1]
Zusatz für Alters-Verwirrte	pro Jahr	bis 2.400	bis 2.400	bis 2.400

[1] im Härtefall bis 1.750 Euro
alle Angaben in Euro pro Monat; Stand: 1. Juli 2008

Im Einzelfall kann diese Höchstgrenze bei außergewöhnlichen Härtefällen wie schwere Demenz oder Krebs im Endstadium auf 1.750 Euro pro Monat erhöht werden. Keinesfalls sind aber sonstige Kosten gedeckt, die zwangsläufig auch im Pflegeheim anfallen:

- Unterkunft (Kosten sind seit 1. Juli 2008 gesondert auszuweisen),
- Verpflegung,
- Zusatzleistungen wie Komfort der Unterkunft oder Wäschedienst,
- gegebenenfalls Zuschlag zu Investitionen beim Bau von Heimen, etwa für Darlehen der Investoren (Durchschnitt. 376 Euro pro Monat).

Diese Kosten sowie die restlichen Pflegekosten, die von der Versicherung nicht abgedeckt sind, müssen privat gezahlt werden. Daher ist auch die private Zusatzvorsorge unverzichtbar, zumal ein Drittel aller Pflegebedürftigen in einem Heim versorgt werden muss. Das Statistische Bundesamt ermittelt die Kosten für

Pflegeheime alle zwei Jahre. Aktuell sind für vollstationäre Pflege und Unterbringung bei Pflegestufe 3 im Durchschnitt monatlich 2.706 Euro zu zahlen. In Pflegestufe 2 sind es 2.280 Euro und in der Pflegestufe 1 immerhin auch noch 1.854 Euro. Seit 1999 hat sich die Heimpflege im Schnitt um 70 Euro pro Monat verteuert, Tendenz weiter steigend.

Wie man ein gutes Heim findet

In Deutschland gibt es rund 12 000 Pflegeheime. Als Betreiber dominieren frei-gemeinnützige Anbieter mit 56 Prozent Marktanteil, gefolgt von privaten Betreibern (36 Prozent) und kommunalen Trägern (8 Prozent). Bei dieser Fülle fällt der Überblick schwer, zumal es im Ernstfall oft sehr schnell gehen muss. Leider findet sich fast nie schnell ein Heim, und schon gar nicht schnell ein gutes Heim. Die Lobby der Anbieter spielt auf Zeit, um die Transparenz für Verbraucher möglichst lange zu verhindern. Mit dem am 1. Juli 2008 in Kraft getretenen Pflege-Weiterentwicklungsgesetz wurde festgelegt, dass bis zum 30. September 2008 auf der Bundesebene eine „Schiedsstelle Qualitätssicherung" einzurichten sei. Tatsächlich gibt es aber noch nicht einmal Kriterien, nach denen die Prüfergebnisse der Heime bezüglich Leistung und Qualität veröffentlicht werden sollen. Gerade die Schiedsstelle soll aber Konflikte zwischen Anbietern und Bewohnern lösen. Solche Maßstäbe („Expertenstandards") sollen nun bis 31. März 2009 ausgearbeitet werden (§ 113 Pflege-Weiterentwicklungsgesetz). Damit bleibt das angekündigte Pflegeheim-Ranking, das im Internet für jedermann nutzbar sein soll, wohl noch auf längere Sicht ein Wunschtraum.

Betroffene können sich weiterhin nur auf den traditionellen Wegen informieren. Also zunächst der Mund-zu-Mund-Propaganda vertrauen und sich entsprechende Heime auf jeden Fall persönlich ansehen.

Checkliste: Vergleich mehrerer Pflegeheime

Pflegeheim: _____ :

- Allgemeine Informationen und Heimaufnahme
- Gebäude/Standort/Anlage
- Individueller Wohnbereich
- Individuelle Pflege und Betreuung
- Ärztliche/medizinische Versorgung und Behandlungspflege im Heim
- Rehabilitation/Therapie
- Essen und Trinken
- Hausreinigung
- Wäscheversorgung
- Gemeinschaftsangebote und Aktivitäten
- Bewohner- und Angehörigeninformation
- Kosten-, Vertragsgestaltung und Heimmitwirkung (samt Kostenvoranschlag)
- Rechte im Kleingedruckten bei Preiserhöhung?
- Rechtzeitige Aushändigung des Heimvertrages zur Prüfung?
- Probewohnen möglich?
- Besitzt das Heim überhaupt Versorgungsverträge mit Pflegekassen?
- Gibt es einen persönlich Verantwortlichen für jeden Bewohner?

Quelle: Bundesministerium für Familie, Senioren, Frauen und Jugend

Jeder dieser Punkte kann im Detail noch stärker untergliedert werden. Beispiel Essen und Trinken: Kann auch abends nach 18 Uhr noch gegessen werden? Ist eine Teeküche vorhanden? Sind fünf Mahlzeiten täglich möglich? Gibt es kostenlose Getränke in abwechslungsreicher Form? Ist der Heimbeirat bei Erstellung des Speiseplans beteiligt? Besteht die Auswahl zwischen mindestens zwei Angeboten beim Mittagessen?

Füllen Sie einen Antrag auf einen Heimplatz nicht nach einem einzigen Gespräch mit der Pflegedienstleitung aus. Sonst riskieren Sie, dass Vater oder Mutter das Leben in einem Heim verbringen müssen, das nicht ihren Wünschen entspricht oder das vielleicht nachlässig pflegt. Auf den ersten Blick wirken die meisten Heime sauber und die Pflegekräfte freundlich und nett. Das sagt aber nichts über die Qualität oder den menschlichen Aspekt der Pflege aus. Verbringen Sie einige Zeit in dem Heim und achten Sie dabei auch auf Ihr Bauchgefühl. Wichtiges Indiz für ein gut geführtes Heim ist das Wohlbefinden der Bewohner. Wie viel Zuwendung erhalten sie?

||| **Beispiel: Wenig Zuwendung**

„Ich wache auf, um mich herum ist es stockfinster. Die Nase juckt furchtbar, aber ich kann mich nicht kratzen. Ich kann auch nicht klingeln, um Hilfe zu holen. Vor einem Jahr hatte ich einen Schlaganfall, seitdem bin ich ans Bett gefesselt, kann nicht mehr sprechen, das Schlucken ist mühsam. Darum liege ich in diesem Pflegeheim, bin tagein, tagaus auf fremde Hilfe angewiesen, nicht die kleinste Bewegung kann ich alleine machen. Nie hätte ich gedacht, dass es mal so enden könnte ... Da öffnet sich die Tür, die grelle Deckenlampe wird angemacht und ein forsches ‚Guten Morgen' schallt aus dem Mund der Schwester. Sie tritt an mein Bett und

▶

zieht mit dem Satz ‚Jetzt wollen wir mal waschen!' die warme Bettdecke weg. Die Luft im Zimmer ist kalt und ich fühle mich nackt und elend. Wie gern würde ich jetzt schreien, leider versteht sie die Sprache meiner Augen nicht. Als sie sich über mich beugt, rieche ich das süßliche Parfüm, vermischt mit dem Geruch der ersten Zigarette des Tages. Meine Geruchsnerven werden strapaziert, ohne dass sie etwas bemerkt. Zur eigenen Unterhaltung schaltet sie das Radio ein und dreht es ziemlich laut. Es ist mein Zimmer, es ist mein Radio, aber ich kann mich nicht wehren. Nach einer endlosen Viertelstunde ist sie endlich fertig. Sie hat keinen einzigen Satz mit mir gesprochen; ich kann ja sowieso nicht antworten. Mir ist kalt und ich schäme mich wegen meiner Hilflosigkeit. Wieder allein, versuche ich, in die Welt des Schlafes zu flüchten. Doch die Schwester hat vergessen, den Lärm aus dem Radio abzuschalten ..."

Eine gute Möglichkeit zur Vorauswahl bietet das Internet. Im Pflegenavigator der Ortskrankenkassen sind 12 000 Heime gelistet (www.aok-pflegenavigator.de). Die Datenbank beinhaltet bundesweit Angebote für vollstationäre Pflege, Kurzzeit- sowie Tages- und Nachtpflege. Geordnet nach Ort oder Postleitzahl zeigt er in der näheren (bis 5 km) oder ferneren Umgebung (bis 100 km) alle Heime an – mit Angaben über Lage, Preise, Spezialitäten und Inhalt des Heimvertrages. Die Preise sind so aufgeschlüsselt, dass Sie zwischen Bezahlung durch die Pflegekasse bzw. -versicherung und Eigenanteil unterscheiden können. Bei Investitionszuschüssen ist neuerdings häufig die Kaltmiete ausgewiesen. Diese Übersicht verschafft einen guten ersten Eindruck, ist aber nicht von unabhängiger Stelle geprüft. Theoretisch könnten Betreiber auch falsche Daten ins Netz stellen. Zwar existieren vom MDK Qualitätsberichte zu jedem Heim, doch darüber muss in der Öffentlichkeit noch Stillschweigen gewahrt werden. So will es das Gesetz, bei dem die Pflegeheimlobby sich über den Verbraucherschutz hinweggesetzt hat. Nur wenn das Heim und der Träger zustimmen, können Pflegebedürftige Einsicht in den aktuellen Prüfbericht nehmen.

Ein anderes Projekt steckt noch in den Kinderschuhen: Das Heimverzeichnis der Bundesinteressenvertretung der Nutzer von Alten- und Pflegeheimen enthält rund 110 Heime in Berlin, Hannover und im Land Brandenburg (Stand: Dezember 2008) – nachzulesen unter www.heimverzeichnis.de. Geprüft wird vor allem die Lebensqualität. Kriterien sind dabei aus Sicht der Bewohner

- Autonomie (Informationsangebote; Selbstbestimmung, Hilfe zur Selbsthilfe),
- Teilhabe (Kommunikation, Beteiligung am gesellschaftlichen Leben, Mitwirkung in Angelegenheiten des Heimbetriebes),
- Menschenwürde (Respekt vor dem Individuum, Schutz der Privat- und Intimsphäre, Recht auf Sterben in Würde).

Tipp: Die Pflegekassen verfügen über regionale Listen mit Pflegeheimen und müssen auch Preisvergleichslisten aushändigen (nach § 72 Absatz 5 des Pflegeversicherungsgesetzes). Daraus lässt sich entnehmen, wie ein von Ihnen ins Auge gefasstes Pflegeheim im Preis-Leistungsverhältnis mit anderen abschneidet.

Was kostet das Heim?

Der Platz in einem Pflegeheim kostet häufig zwischen 2.500 und 3.600 Euro pro Monat. Je intensivere Pflege nötig ist, desto teurer kann es durch Zusatzleistungen werden. Die Preise werden nach Verhandlung der Pflegekasse bzw. -versicherung mit dem Pflegeheim oder dessen Träger für bestimmte Zeit festgeschrieben – für die eigentliche Pflege sowie für Unterkunft und Verpflegung. Die Kasse zahlt aber immer nur für die Pflege; Unterkunft und Verpflegung sind privat zu bezahlen.

Beispiel aus dem AOK-Pflegenavigator (Stand: 1.10.2008): Ein Pflegeheim in Berlin-Köpenick bietet den allgemeinen Pflegesatz. Bei Pflegestufe 3 kostet dies 90,48 Euro pro Tag für Pflege, Unterkunft, Verpflegung und Ausbildung des Personals. Macht zusammen knapp 2.714 Euro pro Monat. Davon bezahlt die Pflegekasse 48,32 Euro pro Tag bzw. knapp 1.450 Euro pro Monat. Der Heimbewohner muss also privat 42,16 Euro pro Tag bzw. knapp 1.265 Euro pro Monat beisteuern. Hinzu kommen 1,16 Euro pro Tag Investitionskosten, die als „Kosten des Gebäudes und dessen Instandhaltung (Kaltmiete)" ausgewiesen sind und ebenfalls privat zu bezahlen sind. Macht zusammen für den Heimbewohner rund 1.300 Euro pro Monat. Das ist nicht gerade wenig. Aber billiger ist es häufig keineswegs zu haben. Immerhin können in besagtes Heim Möbel mitgebracht werden. Zudem besteht die Chance zum Probewohnen wie auch die Möglichkeit, dass Angehörige dort mal übernachten können. Das Heim nimmt zudem an der Transparenzoffensive Berliner Pflegeheime teil und hat seine Bewertung ins Internet gestellt.

Heimverträge müssen vor dem Einzug abgeschlossen werden und gelten auf unbestimmte Zeit. Es kann passieren, dass Sie als Sicherheit eine Kaution bezahlen müssen; Höchstbetrag ist das Doppelte der monatlich zu zahlenden Heimkosten. Die Kaution kann in drei Raten erbracht werden. Das Geld muss vom Träger des Heims bei der Bank als Geldanlage mit dreimonatiger Kündigungsfrist eingezahlt werden. Die Zinsen stehen dem Bewohner zu; der erhält sie aber nicht ausgezahlt, sondern erhöht damit die Kaution, die er nach einem Auszug oder nach seinem Tod die Erben ausgezahlt bekommt – abzüglich eventueller Renovierungen des betreffenden Heimzimmers. Viele Heime verlangen vom künftigen Bewohner einmalige Sonderzahlungen in beträchtlicher Höhe, Einkaufsdarlehen genannt. Die sind zulässig, müssen aber grundsätzlich zurückgezahlt und mit vier Prozent zugunsten des Bewohners verzinst werden.

Werden von Zeit zu Zeit die Preise erhöht, gibt es regelmäßig Ärger. Zwar darf die Preiserhöhung ohne Zustimmung der Bewohner erfolgen, „allgemeine Kostensteigerungen" reichen aber als Begründung nicht. Sonst ist die Erhöhung unwirksam; dem Bewohner entstehen keine Nachteile, wenn er die Zahlung verweigert, urteilte das Oberlandesgericht München (Az: 3 U 5752/93). Dasselbe Gericht entschied in einem anderen Fall, dass die Heimleitung die Kosten offenlegen muss, damit die Bewohner die Notwendigkeit einer Preiserhöhung überprüfen können. Tut sie es nicht und die Bewohner zahlen unter Vorbehalt, steht den Senioren die Rückzahlung zu, falls sich später herausstellt, dass das Heim sich ungerechtfertigt bereichert hat (Az: 3 U 2191/96). Da jede Erhöhung mindestens vier Wochen vorher schriftlich anzukündigen und zu begründen ist, sollten Sie mit der Familie sehr genau auf die Gründe schauen und notfalls Rechtsrat einholen.

Ein Heimplatz kann bei Bedarf innerhalb eines Monats gekündigt werden, allerdings muss der Bewohner dann eine angemessene andere Unterbringung nachweisen. Hilfe bietet die Broschüre „Auf der Suche nach einem Heim", kostenlos abzugeben vom Bundesministerium für Familie, Senioren, Frauen und

Jugend. Bei Redaktionsschluss war sie vergriffen, konnte aber aus dem Internet heruntergeladen werden (http://www.bmfsfj. de/Kategorien/Publikationen/publikationsliste,did=3166.html). Wer vorübergehend das Pflegeheim verlässt, weil er zum Beispiel mit Angehörigen eine Urlaubsreise unternimmt und für längere Zeit ins Krankenhaus muss, dem bleibt sein Platz bis zu 42 Tage lang reserviert. Diese Frist verlängert sich um die Zeit in der Klinik oder einer Rehabilitationseinrichtung. Ab drei Tagen Abwesenheit im Pflegeheim müssen mindestens 25 Prozent Abschlag von den Kosten für Pflege, Unterkunft und Verpflegung eingeräumt werden (§ 87a Pflege-Weiterentwicklungsgesetz).

Was müssen Angehörige an Heimkosten beisteuern?

Die Heimunterbringung soll nicht daran scheitern, dass der Betroffene die Kosten mit seinem Einkommen – zumeist Altersrente – und seinem Vermögen nicht bezahlen kann. In diesem Fall muss das Sozialamt einspringen und für die Kosten aufkommen. Sozialhilfe wird aber nur bei finanzieller Bedürftigkeit gezahlt; dabei wird auch das Vermögen der nächsten Angehörigen herangezogen.

Doch zunächst springt ja die Pflegeversicherung ein, egal ob gesetzlich oder privat organisiert. Wie das Beispiel zu den Heimkosten zeigt, werden aber häufig nicht einmal 60 Prozent der Kosten durch die gesetzliche Absicherung bezahlt. Wenn wie im Beispiel 1.300 Euro pro Monat aus eigener Tasche dazugezahlt werden müssen, wird zunächst die Rente des Pflegebedürftigen herangezogen. Reicht die nicht aus, müssen eigene Ersparnisse her. Gut dran ist derjenige, der vor dem Pflegefall durch private Zusatzversicherung vorgesorgt hatte. Dann muss in aller Regel kein privates Vermögen zugesetzt werden. Ohne private Vorsorge kann es allerdings schnell passieren, dass die Ersparnisse angesichts der hohen monatlichen Eigenbeteiligung schnell verbraucht sind. Dann springt das Sozialamt ein. Es hält sich anschließend aber am Ehepartner oder den Kindern schadlos – Enkel haften zum Glück nicht. Im Pflegefall bleibt nur ein Geldbetrag bis 2.600 Euro (Single) bzw. bis zu 3.214 Euro (Ehepaare und eheähnliche Partnerschaft) vor dem Zugriff des Sozialamtes verschont. Den Angehörigen entstehen so sehr schnell Restkosten zwischen knapp 500 Euro (Pflegestufe 1) und über 1.600 Euro (Pflegestufe 3) pro Monat. Hochgerechnet auf die durchschnittliche Pflegezeit von acht Jahren müssten Familien also bis zu 146.000 Euro aufbringen.

Die Rechtsprechung des Bundesgerichtshofes (BGH) zur Unterhaltspflicht von Kindern gegenüber Eltern und umgekehrt ist widersprüchlich. Einerseits „darf die Unterhaltsverpflichtung eines Kindes niemals so weit gehen, dass der selbst erarbeitete Status bedroht ist", heißt es am 23. Oktober 2002 (Az.: XII ZR 266/99). Andererseits bittet der BGH erwachsene Kinder doch verschärft zur Kasse, wenn sie ausreichend versorgt sind, heißt es am 17. Januar 2003 (Az.: XII ZR 224/00). Immerhin müssen Kinder für pflegebedürftige Eltern selbst nicht verarmen, sondern brauchen den „eigenen angemessenen Unterhalt einschließlich einer angemessenen Altersvorsorge nicht zu gefährden", so der BGH mit Urteil vom 30. August 2006 (Az.: XII ZR 98/04).

Teuer ist nicht automatisch gut

Seit 2003 untersucht der MDK die Qualität deutscher Pflegeheime. Und da sieht es gar nicht gut aus. Zwar ist der Pflegezu-
stand bei 90 Prozent „angemessen" – was auch immer das heißt.
Bei jedem zehnten Bewohner aber ist „ein unzureichender Pfle-
gezustand festgestellt worden, der unmittelbar auf die Qualität
der Versorgung durch die stationäre Pflegeeinrichtung zurück-
zuführen war", heißt es im MDK-Prüfbericht vom August 2007,
der die Kontrollen von über 4 000 Heimen in den Jahren 2004
bis 2006 ausgewertet und damit reichlich 40 Prozent aller zuge-
lassenen stationären Pflegeeinrichtungen einbezogen hat. Die
katastrophalen Zustände in der Pflege sind seit der ersten Untersuchung kaum besser geworden, wie die Zahlen offenbaren:

- mehr als jeder dritte Pflegefall im Heim bekommt nicht
  genug zu essen und zu trinken,
- 35,5 Prozent der Bewohner werden nicht häufig genug umge-
  bettet und liegen sich wund,
- bei 15,5 Prozent diagnostizierten die Prüfer keine angemessene Versorgung bei Inkontinenz,
- 30,3 Prozent der Demenzkranken wurden nicht ausreichend
  versorgt,
- in 6,5 Prozent der untersuchten Fälle wurde die Freiheit der
  Bewohner entgegen den gesetzlichen Anforderungen eingeschränkt, sie also ohne richterliche Anordnung bis zu 12
  Stunden am Bettgestell gefesselt.

Die Wahrheit dürfte noch düsterer aussehen. Denn knapp die
Hälfte der Prüfungen erfolgt mit Voranmeldung, meist eine
Woche im Voraus. Und Pflegekritiker Claus Fussek, der selbst
einen ambulanten Pflegedienst betreibt, weiß aus Erfahrung,

dass es nicht besser wird, wenn das System so bleibt. Natürlich gibt es Heime, die gute Arbeit leisten, es gibt aber auch solche, die geschlossen werden müssten, weil dort Zustände geduldet werden, die in Kindergärten, Gefängnissen oder sogar Tierheimen undenkbar wären. Dabei sei nicht die finanzielle Ausstattung ausschlaggebend, sondern die fehlende Transparenz. Niemand weiß, wohin das Geld im Einzelnen fließt, das für Pflege aufgebracht wird. Es geht um viel Geld: Hinter vorgehaltener Hand sagen Ärzte, dass jedes Druckgeschwür einen Arbeitsplatz in der Chirurgie sichert. Für jeden dieser Pflegefehler zahlen Kassen anstandslos bis zu 20.000 Euro, kritisiert Fussek. Der Hauptfehler liegt jedoch im Pflegesystem selbst: Gute Pflege wird bestraft. So erhält das Heim weniger Geld von der Kasse, wenn ein Bewohner dank guter Pflege wieder selbstständiger wird und in eine niedrigere Pflegestufe zurückgestuft wird. Hinzu kommt die Angst: Viele Pfleger trauen sich nicht, Missstände öffentlich zu machen, weil sie um ihren Arbeitsplatz fürchten. Genauso ängstigen sich viele Bewohner vor Beschwerden, aus Angst, hinterher schlechter behandelt zu werden. Als Auswege weist Fussek auf mehr unangemeldete Kontrollen, verpflichtende Schulungen für das Personal sowie die Einhaltung der Vorschrift, dass die Pfleger nur dokumentieren dürfen, was sie auch tatsächlich geleistet haben.

Verstöße am laufenden Band und wie man sich wehrt

Unmenschlichkeit zeigt sich oft in Nebensätzen. Das erfährt Pflegekritiker Claus Fussek (München) jeden Tag durch Beschwerden von Pflegebedürftigen und deren Angehörigen, aber auch von Pflegern, die die Zustände an ihrem Arbeitsplatz unerträglich finden. „Toilettengänge sind bei uns zeitlich nicht machbar", schreibt etwa eine Pflegerin in einem anonymen Beschwerdebrief. „Wenn die alten Menschen schreien, interessiert es niemanden. Wir sagen ihnen: Machen Sie einfach in die Hose." Das ist kein Einzelfall. Fussek listet zusammen mit dem ARD-Reporter Gottlob Schober in dem Buch „Im Netz der Pflegemafia" massenhaft Fälle mit Missständen auf, die belegen: Das Pflegesystem selbst setzt systematisch Anreize für schlechte Pflege. Zu den Profiteuren gehören demnach Pflegeverbände, Heimbetreiber und die Pharmaindustrie. So verdient ein Heim umso mehr an einem Bewohner, je pflegebedürftiger er ist. Es gibt also keinen finanziellen Anreiz, ihn so zu pflegen, dass er nach einer Grippe wieder das Bett verlassen kann – auch deshalb nicht, weil er bettlägerig sogar leichter zu pflegen ist. „Das System lädt damit geradezu zum Pfusch ein", so Fussek.

„Ich wünsche den Funktionären bei Pflege- und Krankenkassen ein langes Leben", schreibt eine anonyme Pflegerin böse. Sie weiß: Auch die Entscheider von heute sind die ausgelieferten Alten von morgen. Wer dies für Panikmache hält, dem sei eine Internet-Seite empfohlen, auf der Pflegekräfte anonym über ihre Erlebnisse am Arbeitsplatz Pflegeheim berichten (www.kritische-ereignisse.de). Das Projekt wird auch vom Bundesgesundheitsministerium gefördert. Fussek sieht es als den wichtigsten Ausweg an, das Dilemma öffentlich zu machen. Nur so ist Änderung möglich. Dazu ruft er ausdrücklich auch Betroffene und deren Familien auf. Die Kultur des Wegschauens muss ein Ende haben. Zudem hat Fussek Mindestforderungen für eine menschenwürdige Grundversorgung aufgestellt, die von jedem

Heim garantiert werden müssten. Manches klingt erschreckend banal, ist aber in der Realität nicht gewährleistet.

Mindestanforderungen im Pflegeheim

- Jeder muss täglich seine Mahlzeiten und ausreichend Flüssigkeit in dem Tempo erhalten, in dem er kauen und schlucken kann. Magensonden als Pflege erleichternde Maßnahme sind Körperverletzung.
- Jeder muss täglich so oft zur Toilette geführt werden wie er es wünscht. Windeln und Dauerkatheter als Pflege erleichternde Maßnahmen sind Körperverletzung.
- Jeder muss täglich gewaschen, angezogen und gekämmt werden sowie Mundpflege erhalten.
- Jeder muss auf Wunsch täglich sein Bett verlassen können und hat Anspruch auf frische Luft.
- Jeder muss die Chance haben, im Doppelzimmer seinen Zimmerpartner mitzubestimmen. Doppelzimmer unter Fremden sind unwürdig.
- Jeder muss die Möglichkeit haben, dass ein Mitarbeiter auf der Station seine Muttersprache beherrscht. Kommunikation ist ein Grundrecht.
- Jeder muss die Sicherheit haben, dass ihm in der Todesstunde jemand die Hand hält.

Auch wenn der Heimträger alle wichtigen organisatorischen Entscheidungen trifft – die Bewohner haben die Möglichkeit zur Mitsprache. Dies geschieht über ein „Vertretungsorgan": Heimbeirat, Heimfürsprecher oder Ersatzgremium. Die Heimleitung muss alle wichtigen Veränderungen rechtzeitig vorher mit der Bewohnervertretung besprechen. Im Heimbeirat können auch Angehörige und sonstige Vertraute der Bewohner mitarbeiten, ebenso kann der Heimfürsprecher ein Angehöriger oder Betreuer sein. Konfliktpotenzial birgt der Inhalt manches Heimvertrages, obwohl die Rahmenbedingungen einheitlich im Heimgesetz geregelt sind. Beratung zu Heimverträgen bieten zahlreiche Verbraucherschutzorganisationen sowie die Bundesinteressenvertretung der Altenheimbewohner (www.biva.de). Jenseits der gesetzlichen Mindestanforderungen können die Bewohner den Inhalt des Vertrages aushandeln. In keinem Fall sind sie verpflichtet, den Heimvertrag unverändert anzunehmen. Zusatzregelungen zugunsten der Bewohner beanstandet die Heimaufsicht üblicherweise nicht. Eine Verpflichtung zur Teilnahme an religiösen Veranstaltungen kann ebenso wenig im Vertrag vorgeschrieben werden wie Vorgaben der Heimleitung für die Beanspruchung eines bestimmten Arztes. Unwirksam ist auch die Klausel, wonach die Heimordnung in ihrer jeweils gültigen Fassung Bestandteil des Heimvertrages ist.

Für Begleitung nach draußen und Zuspruch ist in den Heimen meist keine Zeit.

Pflegefall Pflegeversicherung und die Kur zur Besserung

Die Pflegeversicherung war ein Dutzend Jahre nach ihrer Taufe schon an das Limit gelangt. Diagnose: Die Finanzierung ist nicht zukunftsfest. Die Leistungen reichen nicht aus. Daher lautete die Therapie: Eine Pflegereform muss her. Die Reformbestrebungen mündeten schließlich in das Pflege-Weiterentwicklungsgesetz, das zum 1. Juli 2008 in Kraft trat. Dennoch sind damit längst nicht alle Schmerzen im Pflegesystem abgeklungen. Im Gegenteil – wie der folgende Fall zeigt.

||| **Beispiel Martina F.**

„Mein Vater ist 78 Jahre alt und leidet seit vier Jahren an Demenz. Die heimtückische Krankheit kam schleichend. Anfangs konnte ich noch mit Hilfe meiner Schwester die Betreuung zu Hause absichern. Jeden Tag schaute einer von uns nach der Arbeit bei Vater vorbei. Es ist ja so, dass er gar nicht als Pflegefall im Sinne des Gesetzes anerkannt ist – eigentlich ein Skandal. Tatsächlich kann er fast alle Verrichtungen des Alltags noch selber machen. Aufstehen, waschen, anziehen, rasieren, essen und trinken, Notdurft verrichten. Doch dafür verliert er zunehmend die Orientierung, sperrt sich aus der Wohnung aus und ist schon einmal an einer Bus-Endhaltestelle aufgegriffen worden, ohne zu wissen, wer und wo er ist. Spätestens da wurde uns klar, dass es ohne ganztätige Betreuung und Aufsicht nicht mehr ging. Zu groß war die Angst, dass Vater aus Versehen die Wohnung abbrannte, weil er einen Topf auf dem Herd vergaß. Oder spazieren ging, ohne je wieder nach Hause zurückzufinden. Von da an organisierten wir auf eigene Faust Nachbarschaftshilfe und belohnten diese mit ein paar Euro.

▶

Zuschuss von der Pflegekasse: Fehlanzeige! Doch mit fortschreitender Demenz war immer mehr Betreuung nötig. Eine erste Pflegestufe bekamen wir nach Ablehnung und Widerspruch vor einem Jahr endlich durch. Doch auch hier war wieder List gefragt: Der Pflegedienst kümmerte sich ganz überwiegend um das Aufräumen und Kochen, obwohl ja eigentlich Grundpflege im Vordergrund stehen müsste. Aber diese Verrichtungen schaffte mein Vater immer noch ganz ordentlich. Nur vom Rasieren haben wir ihm abgeraten, weil das der Pflegedienst besser hinbekommt. Seit einem halben Jahr ist er aber in einem Heim, das Erfahrung im Umgang mit Demenzkranken hat. Inzwischen ist auch Pflegestufe 2 bewilligt. Dennoch bleibt es privat ein finanzieller Kraftakt. Aber es gibt ja keinerlei Alternative zu einem Heim. Natürlich bemerken wir die Probleme dort. Niemand nimmt sich wirklich Zeit für die Kranken, die ja auch so ‚undankbar' sind, weil sie ohnehin vieles wieder schnell vergessen. Bei Besuchen denken wir uns immer wieder kleine Aufgaben aus, um Vater wenigstens manchmal aus seinem Dämmerzustand zu reißen. Ein Spaziergang am frühen Abend trägt jedenfalls deutlich zu seinem Wohlbefinden bei. Wenn wir als Angehörige dies nicht tun, tut es keiner. Dem Heim fehlt angeblich die Zeit, die man im Zweifel dann für die schweren Pflegefälle benötigt. Dabei lässt sich damit zumindest verhindern, dass Vater auch noch bettlägerig wird. Aber da hege ich den Verdacht, dass dies die Heimleitung nicht stören würde, denn in Pflegestufe 3 könnte man für meinen Vater auch mehr Geld von der Pflegekasse kassieren. Jedenfalls bestätigt sich, was ich von Bekannten schon gehört habe: Wenn man sich als Angehöriger nicht selbst um die Pflege kümmert, bleiben Pflegebedürftige den Großteil sich selbst überlassen und dämmern vor sich hin. Da kann ich froh sein, dass mein Vater es noch allein zur Toilette schafft und nicht auf diese gewaltigen Windeln angewiesen ist, die offenbar auch nur selten gewechselt werden. Ein kleiner Lichtblick scheint durch die Pflegereform zu kommen. Die Heimleitung hat angekündigt, dass für die zusätzliche Betreuung von Demenzkranken nun ein Assistent

▶

eingestellt wird. Er muss sich aber allein um 25 altersverwirrte Patienten kümmern. Dabei geht es nicht primär um Pflege, sondern um ergänzende soziale Dinge wie Vorlesen, Spielen, Kochen, Begleitung auf Spaziergängen. Ich bin mal gespannt, ob das wirklich klappt. Das Heim bekommt von der Kasse zwar eine Pauschale, aber ob dafür auch qualifizierte Leute eingestellt werden? Und ob einer für 25 Menschen ausreicht, wage ich zu bezweifeln. Wohl eher der sprichwörtliche Tropfen auf den heißen Stein.

Was die Pflegereform bringt und was nicht

So paradox es klingt: Die Lücken in der Pflegeversicherung werden trotz der jüngsten Reform immer größer. Zwar wachsen die Leistungen erstmals nach 13 Jahren – alle Zahlen in diesem Buch entsprechen bereits dem neuesten Stand.

Die wichtigsten Änderungen der Pflegereform im Juli 2008:

- Die Leistungen steigen im Schnitt aller Pflegestufen um 10 bis 20 Euro pro Monat. Im Heim wird die Leistung für die Stufen 1 und 2 eingefroren.
- Der Beitrag steigt von 1,7 auf 1,95 Prozent des Bruttoeinkommens, für Kinderlose von 1,95 auf 2,2 Prozent.
- Zentrale Pflegestützpunkte dienen ab 2009 als erster Anlaufpunkt.
- Angehörige können akut zehn Tage unbezahlte Pflegezeit nehmen und mittelfristig bis zu sechs Monate unbezahlte Freistellung bekommen.
- Für die Betreuung Demenzkranker zu Hause gibt es seit Juli 2008 bis zu 100 Euro Zuschuss, im Extremfall bis 200 Euro (MDK entscheidet).

- Die Wartezeit für Ersatzpflege (wenn Sohn oder Tochter mal Urlaub von der Pflege für Vater oder Mutter brauchen) wird von zwölf auf sechs Monate verkürzt.
- Die Frist für die Entscheidung der Pflegeeinstufung durch den MDK bzw. Medicproof wird auf fünf Wochen nach Antragstellung verkürzt, in akuten Fällen auf sieben Tage.
- Kontrollen von Pflegeheimen sollen künftig meist unangemeldet erfolgen und die Kontrollfrist ab 2011 von drei bis fünf Jahren auf zwölf Monate verkürzt werden.
- Ergebnisse der Heimkontrollen müssen bald öffentlich gemacht werden – auch über Aushänge in den Einrichtungen (Termin: offen).
- Wer durch gute Pflege eine niedrigere Pflegestufe erreicht, für den erhält das Heim einmalig 1.536 Euro Erfolgsprämie.
- Für Demenzkranke in Heimen werden Pflege- bzw. Betreuungsassistenten eingestellt (ein Betreuer auf 25 demenzkranke Bewohner).
- Ab 2015 sollen die Leistungen der häuslichen Pflege alle drei Jahre entsprechend der Preisentwicklung angepasst werden.
- Nicht eingeführt wurde die geplante Kapitalrücklage, um die Pflegeversicherung demografiefest zu machen. Es bleibt auch bei 100 Prozent Umlagefinanzierung.
- Gestrichen wurde auch die geplante Riester-Förderung für Berufstätige, staatlich gefördert privat für künftige Pflegekosten-Beteiligung vorzusorgen.

Doch für eine ständige Dynamisierung der Leistungen reicht das Geld nicht. Zwar sind moderate Anhebungen in den Jahren 2010 und 2012 geplant. Doch das reicht nicht annähernd, um die deutlich gestiegene Inflation auszugleichen. Im Gegenteil: Die gesetzliche Versicherung ist ebenso wie die Pflichtversicherung für Privatversicherte allenfalls ein „Teilkaskoschutz". Das hängt vor allem mit der Alterung der Bevölkerung zusammen. Es passiert gleichzeitig dreierlei: Die Bevölkerungszahl schrumpft absolut. Das Durchschnittsalter wächst ständig. Der Anteil der Älteren an der Bevölkerung wächst permanent.

Mit anderen Worten: Der Anteil der Älteren (65+) wächst von 30,5 Prozent im Jahr 2005 selbst unter optimistischen Annahmen bei den Geburtenzahlen auf 58 Prozent bis 2050. Da die meisten Pflegebedürftigen über 80 Jahre alt sind, ist deren Anteil in diesem Zusammenhang ebenfalls wichtig. Das Forschungszentrum Generationenverträge der Albert-Ludwigs-Universität Freiburg kam in einer Studie Anfang 2008 zu dem Schluss, dass der Anteil der Alten (80+) von 7,1 Prozent 2005 auf 26,4 Prozent im Jahr 2050 ansteigt. Die Konsequenz: Auf etwa jeden vierten Deutschen im Alter von 20 bis knapp 65 kommt statistisch gesehen dann ein Deutscher im Alter von mindestens 80 Jahren, der aller Wahrscheinlichkeit nach auch pflegegebedürftig ist. Fazit der Studie: Ohne grundlegende Reformen wird die Pflegeversicherung in den kommenden Jahrzehnten zusammenbrechen.

Reform mit Kapitaldeckung

Der Freiburger Finanzwissenschaftler Professor Bernd Raffelhüschen kritisiert in besagter Studie unter dem Titel „Die Pflegeversicherung in der Krise", dass mit der Pflegereform 2008 an der Weiterführung des bestehenden Umlagesystems in der sozialen Pflegeversicherung festgehalten wird und damit „endgültig die Chance vergeben wurde, einen kostengünstigen Umstieg in die Kapitaldeckung zu realisieren". Zur Erinnerung: Im Umlageverfahren bezahlen die aktuell Berufstätigen durch ihre Beiträge die Betreuung der aktuellen Pflegefälle. Finanzielle Rücklagen werden kaum gebildet. Durch die zunehmende Alterung und Geburtenschwäche wird die Finanzierung dieses Systems immer weniger sicher. Raffelhüschen hält eine Beitragssteigerung auf bis zu sieben Prozent bis 2055 für nötig, um den finanziellen Kollaps zu verhindern. Dies würde jedoch die Beitragszahler überfordern. Daher fordert er eine grundlegende Reform mit Kapitaldeckung.

Kapitalgedeckt heißt: Der Abschluss erfolgt privat bei einer Versicherung, die den Beitrag abhängig von gewünschter Leistung (Pflegerente), Alter, Geschlecht und Gesundheitszustand errechnet. Der Versicherer legt die Beiträge so an, dass sofort Kapital gebildet und angesammelt wird, dass im Pflegefall individuell zur Verfügung steht und dem Zugriff der Politik vollständig entzogen bleibt. Diese Möglichkeit gibt es privat schon seit vielen Jahren. Lebens- und auch Krankenversicherer bieten private Pflege-Zusatzversicherungen an, allerdings bisher mit mäßigem Erfolg. Über die Gründe gibt der Fall von Helga P. Einblick, deren Sohn sich letztlich um den Zusatzschutz für die Mutter gekümmert hat.

||| Beispiel Helga P.

„Meiner Mutter geht es mit heute 74 Jahren eigentlich sehr gut. Bis auf das kürzlich eingebaute künstliche Kniegelenk ist sie ziemlich fit. Das war zehn Jahre zuvor nicht zu erwarten, als mein Vater plötzlich an Krebs erkrankte und innerhalb weniger Monate starb. Langsam erholte sich meine Mutter von dem Schock, klagte allerdings über Einsamkeit, Probleme in der Alltagsbewältigung und viele körperliche Beschwerden. Inzwischen weiß ich: Vieles ist nur psychosomatischer Natur. Sie kann durchaus sehr alt werden, ▶

meint ihr Hausarzt. Das ist ja prima, zumal sie acht Jahre nach dem Tod meines Vaters ihr Leben nicht nur gut meistert, sondern auch noch einen Mann kennengelernt hat, zu dem sich sehr hingezogen fühlt. Das ist für mich als den ältesten Sohn, der 100 Kilometer entfernt lebt, beruhigend. Zumindest im Moment, denn beide werden ja nicht jünger. Und die Gefahr, zum Pflegefall zu werden, steigt ja ab 80 exorbitant an. Um da nicht völlig unvorbereitet zu sein, habe ich mit meinen drei Geschwistern Familienrat gehalten und beschlossen: Wir suchen eine Zusatz-Pflegeversicherung für Mutter aus, die den schlimmsten Fall entschärft: Nur bei Pflegestufe 3 und im Pflegeheim zahlt der Versicherer 50 Euro Pflegegeld pro Tag. Das macht im Monat 1.500 Euro Zusatzrente, die zusammen mit den Leistungen der gesetzlichen Pflegeversicherung halbwegs ausreichen sollte. Zumindest sollten wir dann vor finanziellen Nackenschlägen und Forderungen des Sozialamtes verschont bleiben, falls die Alters- und Witwenrente meiner Mutter irgendwann für ein Pflegeheim nicht mehr ausreicht. Bis zum Abschluss der Versicherung ist es jedoch ein steiniger Weg. Viele Anbieter versichern Kunden ab 65 oder 70 Jahren überhaupt nicht mehr. Mit 75 ist es für den Abschluss dann praktisch überall zu spät. Und die wenigen Gesellschaften, die zwischen 65 und 74 überhaupt ansprechbar sind, verlangen wegen des höheren Alters saftige Risikozuschläge, weil ein Pflegefall theoretisch in diesem Alter ja viel wahrscheinlicher ist als etwa mit 50. Daher kann es passieren, dass man für 1.500 Euro private Pflegerente im Monat schon mal 350 Euro Versicherungsbeitrag zahlen soll. Das schreckt mächtig ab. Ich habe über zwei Jahre intensiv gesucht und immer wieder Angebote eingeholt. Schließlich wurde ich für sensationell günstige 60 Euro Monatsbeitrag fündig. Da war sogar meine Mutter bereit, die Vorsorge selbst zu bezahlen. Und im Notfall ist ein Jahresbeitrag von gut 700 Euro auch von uns vier Geschwistern aufzubringen. Bietet diese Ausgabe, selbst wenn sie mal umsonst ausgegeben worden sein sollte, doch ein erstklassiges finanzielles Ruhekissen für die ganze Familie.

Private Pflegezusätze und was sie kosten

Eine private Pflege-Zusatzversicherung stockt die gesetzlichen Leistungen auf. Geboten wird sie von privaten Krankenversicherern, aber auch von Lebensversicherern. Entweder gibt es mehr Geld für die Pflegekosten (Pflegekosten-Tarife) oder eine fest vereinbarte Pflegerente (Tagegeld). Damit wird die Finanzsituation für Pflegefälle überhaupt nur einigermaßen beherrschbar.

Formen von Pflege-Zusatzversicherungen

Pflegekosten:

Der Versicherer beteiligt sich bis zu einer festgelegten Obergrenze nur an den reinen Pflegekosten. Und zwar an den Restkosten, die nach den Leistungen der gesetzlichen Pflegeversicherung übrigbleiben (häufig 80 Prozent). Der Kunde muss dies durch Belege nachweisen.

Tagegeld (Pflegegeld):

Die Höhe hängt von der Pflegestufe ab; die tatsächlichen Pflegekosten spielen keine Rolle. Die Police empfiehlt sich für Versicherte, die wahrscheinlich von Angehörigen zu Hause versorgt werden und die im Pflegefall frei über das Geld verfügen wollen. Solchen Luxus gibt es mit dem Kostentarif nicht. Ist auch im Pflegeheim sinnvoll.

Zeitiger Start mit dieser sehr speziellen Form der Vorsorge für das Alter sichert niedrige Beiträge. Ins Bewusstsein rückt vielen das Problem aber erst ab Mitte 40, wenn die eigenen Eltern ins Rentenalter kommen und womöglich noch privater Zusatzschutz eingekauft werden soll. Bei der Gelegenheit lohnt es für die 45- bis 55-Jährigen, gleich für sich selbst eine Zusatzversicherung in Betracht zu ziehen. Denn besagte 1.500 Euro privates Pflegegeld kosten bei normaler Gesundheit weniger Beitrag, je jünger man bei Vertragsabschluss ist. Frauen zahlen gegenüber gleichaltrigen Männern mehr Beitrag, weil sie statistisch gesehen länger leben und das Risiko, zum Pflegefall zu werden, damit auch größer ist.

So viel Monatsbeitrag kostet 1.500 Euro privates Pflegegeld

Lebensalter[1]	Monatsbeitrag Mann[2] (€)	Monatsbeitrag Frau[2] (€)
30	18	26
43	29	44
45	44	65
48	45	66
53	47	69
63	88	130
73	140	170

[1] bei Abschluss der privaten Pflegegeld-Versicherung und Ersatz der vollen Restkosten im Pflegeheim
[2] Stichprobe bei mehreren Anbietern (Stand: Herbst 2008)

Bei Pflegekosten-Zusätzen wird dagegen nur der Rest der nachzuweisenden Kosten, den die gesetzliche Pflegeversicherung nicht abdeckt, erstattet. Wobei neuerdings auch die Möglichkeit besteht, die halben oder vollen Restkosten im Pflegeheim zu versichern. Das wirkt sich im Beitrag aus, der ohnehin günstiger als bei Pflegegeld-Versicherungen ist: Beispiel: Bei Abschluss des Vertrages im Alter von 43 Jahren kostet die volle Kostenabdeckung im Pflegeheim bei günstigen Anbietern 20 Euro pro Monat (Frau: 30 Euro), die halbe Kostenabdeckung im Heim 11 Euro (Frau: 20 Euro). Erhöht wird die gesetzliche Leistung meist um einen bestimmten Prozentsatz. Günstig sind da mindestens 80 Prozent, besser 90 Prozent. Beispiel:

Kosten im Pflegefall:	
Kosten für Pflege, Unterkunft + Verpflegung im Heim (Stufe 3):	2.700 €
Bezahlung durch Pflegekasse bzw. Privatversicherer (Stufe 3):	**1.470 €**
Restkosten (offen)	1.230 €
Erstattung Restkosten durch private Zusatz-Versicherung (90 %):	**1.107 €**
Offener Betrag aus Privatvermögen	**123 €**

Die Bezahlung solcher offenen Beträge können Betroffene oder auch Angehörige steuerlich geltend machen – als außergewöhnliche Belastung bei der Einkommensteuer. Wie viel das Finanzamt anerkennt, ist vom Einkommen und Familienstand abhängig. Die zumutbare Eigenbelastung wird jedoch häufig sehr hoch angesetzt und liegt bei Alleinstehenden nicht selten bei sechs Prozent der Bruttoeinkünfte. Kleiner Trost: Betroffene können Pflegekosten, die die Kasse nicht übernimmt, absetzen, auch wenn ein Pflegebedarf von mindestens 1,5 Stunden pro Tag nicht nachgewiesen werden kann. Damit schafft der Bundesfinanzhof Pflegebedürftigen etwas finanzielle Erleichterung, die noch nicht einmal in Pflegestufe 1 eingestuft sind (Az.: III R 39/05). Angehörige dürfen dies allerdings nur, wenn mindestens Pflegestufe 1 vorliegt. Dabei zählen nicht nur Ausgaben für das Pflegepersonal, sondern auch für die Heimunterbringung. Angehörigen von Pflegefällen der Stufe 3 steht zusätzlich eine Pauschale von 924 Euro pro Jahr zu. Sie ist für die Absetzbarkeit von Kosten gedacht, die entstehen, wenn man den Pflegebedürftigen für einige Tag im Jahr nach Hause holt und dort betreut. Wichtig: Wenn Sie als Sohn oder Tochter Unterhalt für Mutter oder Vater zahlen müssen, weil deren Rente und Vermögen für die Heimunterbringung nicht ausreichen, können Sie bis zu 7.680 Euro Heimkosten im Jahr absetzen.

Warum so wenig Vorsorge betrieben wird

Fast 40 Prozent aller stationär Pflegebedürftigen werden zu Sozialhilfe-Empfängern, weil keinerlei private Vorsorge betrieben wurde. Zur Ehrenrettung sei ergänzt: Viele Haushalte sind bei stagnierenden Einkommen immer weniger in der Lage, über den Alltag hinaus auch noch Aufwendungen für ausreichende Vorsorge zu bestreiten. Und wenn, wird ein Notgroschen fürs Alter beiseitegelegt. Vom Vermögensaufbau hat man später selber etwas oder kann Geld vererben. Bei der Vorsorge in Form einer Pflegeversicherung kann das Geld jedoch umsonst ausgegeben sein und ist dann weg, falls man niemals auf Pflege angewiesen ist. Allerdings wird nicht jeder dieses Glück haben.

In einem Punkt haben die Versicherer dazugelernt: Sie geben im Ernstfall nicht nur Geld, sondern kümmern sich auch um praktische Hilfe und Unterstützung, auch Assistance genannt. Solche Hilfe können sich insbesondere Versicherungskunden ab dem Alter von 55 Jahren bei bestimmten Versicherungen als Zusatzbaustein einkaufen. Die Werbung, dass eine Unfallversicherung nicht nur Geld zahlt, sondern sprichwörtlich auch waschen, kochen und putzen kann, ist nicht übertrieben. Der Schutz eines solchen Schutzbriefes reicht sogar bis zur vorübergehenden Betreuung pflegebedürftiger Angehöriger und der Versorgung von Haustieren. Allerdings ist dieser Service nicht ganz billig: Kostenpunkt: 150 bis 250 Euro pro Jahr. Wermutstropfen: Die Angebote gibt es derzeit noch nicht als eigenständige Assistance-Tarife, sondern nur in Verbindung mit einer Versicherung. Immerhin bekommen Kunden von ihrem Versicherer damit neben pauschaler Erstattung von Kosten auch tatkräftige Unterstützung in schwierigen Situationen.

Pflegekritiker Claus Fussek sagt mit einem Augenzwinkern, doch mit ernstem Hintergrund: „Meine Kinder haben mir eine Karte gebastelt. Darauf steht: ‚Sei lieb zu deinen Kindern, denn sie suchen dir später das Pflegeheim aus.‘" Aus seiner Sammlung stammt auch das eindringliche Dokument, das eine Tochter nach den Erfahrungen mit dem Pflegeheim, in dem ihr Vater starb, aufgeschrieben hat. Ob diese sehr persönliche Versicherung Früchte trägt, bleibt allerdings abzuwarten:

Liebe Schwester! Ich sitze hier im Wohnzimmer auf dem Sofa und denke über meine Zukunft nach. Was wird mich in 30 Jahren erwarten? Dann bin ich 80 Jahre alt. Wahrscheinlich sitze ich nicht mehr hier in der Stube, sondern bin bei dir, liebe Schwester, auf der Station. Da ich jetzt noch klar denken kann, möchte ich schon jetzt meine Wünsche für später aufschreiben. Gern hätte ich ein Einzelzimmer mit Dusche und WC. Ich liebe es, im Morgenmantel zu frühstücken und würde dies gerne im Zimmer tun. Herzhaft und deftig sollte es sein, dazu ein guter Kaffee. Da ich generell am Abend dusche oder bade, ist für mich die Morgentoilette nicht so wichtig. Meine Kleidung möchte ich gern selbst auswählen, auch meinen Tagesablauf würde ich gerne, soweit es möglich ist, selbst bestimmen. Zwinge mich bitte nicht, an gemeinsamen Aktivitäten teilzunehmen. Da ich ein langes Arbeitsleben hinter mir habe, möchte ich meinen letzten Abschnitt in Ruhe genießen. Schön wäre, wenn ich meinen Hund mitbringen könnte, der mir stets ein treuer Begleiter war. Übrigens:

Ich liebe Tiere und die Natur über alles. Ich möchte soviel wie möglich im Garten sitzen, spazierengehen und die Natur genießen. Das Essen hat für mich hohen Stellenwert. Ich esse gerne Gemüse, Fleisch, Wurst, aber keine Süßspeisen, auch keinen Fisch. Zum Abendessen hätte ich gerne ein Glas Wein, aber ich bin dadurch kein Alkoholiker. Nach der Abendtoilette schaue ich gerne einen Krimi im Fernseher an. Sollte ich einmal nicht mehr in der Lage sein, meine Grundpflege selbstständig zu erledigen, wünsche ich mir, dass du, liebe Schwester, meine Intimsphäre respektierst. Lass mich bitte nicht nackt im Bett liegen oder im Bad stehen, wenn eine dritte Person das Zimmer betritt. Auch möchte ich nicht angebunden werden. Lieber würde ich einen Sturz aus dem Bett in Kauf nehmen, denn ich liebe meine Freiheit und könnte das Anschnallen nicht ertragen. Da ich mein ganzes Leben einen großen Bogen um Medikamente gemacht habe, werde ich jeder Pille mit Misstrauen begegnen. Bitte keine Psychopharmaka, denn sie verändern meine Persönlichkeit und mein Verhalten. Ich bitte dich, liebe Schwester, lass mich einfach so sein wie ich bin, mit meinen Ecken und Kanten. Denn mein Leben hat mich geprägt und den Menschen aus mir gemacht, den du jetzt siehst. Im Voraus, liebe Schwester, möchte ich mich bei dir bedanken und ein herzliches ‚Vergelt's Gott' sagen für dein Verständnis.

Mit freundlichen Grüßen
Rosi S.

Lebensende in Würde

Nicht nur im Pflegefall wünscht sich jeder Mensch für seinen Tod eine würdevolle Umgebung und möglichst jemanden an seiner Seite, wenn er aus dem Leben geht. Manches lässt sich in dieser Hinsicht organisieren und von langer Hand vorbereiten. Das klappt umso besser, je mehr der Betroffene bei guter Gesundheit und wachem Verstand ist. Es gibt jedoch unterschiedliche Verfügungen und Vollmachten.

	Patientenverfügung	Vorsorgevollmacht	Betreuungsverfügung
Adressat	Arzt	Bevollmächtigter (z. B. Ehepartner)	Vormundschaftsgericht; Betreuer (z. B. Sohn)
Gültigkeit	medizinischer Bereich (Gesundheitssorge)	alle oder spezielle Angelegenheiten	wo rechtliche Betreuung notwendig ist
Geschäftsfähigkeit des Vorsorgenden	nicht erforderlich	erforderlich	nicht erforderlich
Inkrafttreten	bei jedem medizinischen Eingriff	sofort oder später (abhängig von Formulierung)	ab Einrichtung der Betreuung
Form	keine Vorgabe, möglichst schriftlich, evtl. Unterschrift des Arztes	schriftlich, evtl. notarielle Beurkundung sinnvoll	schriftlich, evtl. notarielle Beglaubigung sinnvoll
Widerruf	jederzeit (auch mündlich)	schriftlich; nur bei Geschäftsfähigkeit	jederzeit
Kontrolle	keine	keine (evtl. Kontrollbetreuer)	Vormundschaftsgericht
Vordruck	weniger empfehlenswert	möglich	möglich

Quelle: Verbraucherzentrale Nordrhein-Westfalen

Vorsorgevollmacht

Mit der Vorsorgevollmacht benennen Ihre Eltern eine Person ihres Vertrauens, in einer Notsituation alle oder bestimmte Aufgaben in ihrem Sinne zu erledigen. Das ist meist eines der Kinder. Dadurch lässt sich eine gesetzlich angeordnete Betreuung vermeiden. Die Vollmacht kann jederzeit widerrufen oder geändert werden. Notwendig ist es, diese schriftlich abzufassen. Der Unterschied zwischen einer „normalen" Vollmacht und einer Vorsorgevollmacht besteht darin, dass letztere nicht sofort nach der Unterschrift verwendet werden soll, sondern erst unter ganz bestimmten Umständen – für die eben vorgesorgt werden soll – nämlich wenn selbst keine Entscheidungen mehr getroffen werden können. Am günstigsten ist es, eine Vorsorgevollmacht auszustellen, die gegenüber Dritten sofort gültig ist. Sinnvoll ist es grundsätzlich, eine Generalvollmacht zu erteilen. Das heißt: Sie vertreten Ihre Eltern in allen persönlichen Angelegenheiten. Sie können aber auch Teilbereiche festlegen, für die die Vollmacht gelten soll, etwa:

- Bankgeschäfte (Vermögensverwaltung),
- Rentenangelegenheiten,
- Mietverhältnis,
- Gesundheitsangelegenheiten,
- Entbindung von der ärztlichen Schweigepflicht,
- Aufenthaltsbestimmungsrecht.

Spezielle Bevollmächtigungen wie die Entscheidung über freiheitentziehende und -beschränkende Maßnahmen (z. B. Anbringen von Bettgittern) sowie bei schwerwiegenden medizinischen Maßnahmen und dem Abbruch lebensverlängernder Maßnahmen müssen explizit schriftlich in der Vorsorgevollmacht erteilt werden (siehe auch Checkliste Seite 178).

Checkliste: Vorsorgevollmacht

- Name, Geburtsdatum, aktuelle Adresse des Vollmachtgebers
- Name, Geburtsdatum, aktuelle Adresse des Bevollmächtigten
- Datum, Ort und Unterschrift des Vollmachtgebers
- Datum, Ort und Unterschrift des Bevollmächtigten
- Bestätigung eines Zeugen, dass sich Vollmachtgeber über die Tragweite seiner Entscheidungen bewusst war, als er die Vollmacht ausgestellt hat
- Situationen und Lebensbereiche, für die die Vollmacht gelten soll
- Ggf. Aufteilung verschiedener Bereiche an verschiedene Personen, dann aber Aussage, wer zur endgültigen Entscheidung befugt ist
- Ggf. Ersatzbevollmächtigter
- Entbindung von der Schweigepflicht gegenüber dem Bevollmächtigten (Mitarbeiter von Behörden, Banken, Krankenkassen, Ärzte)
- Hinweis, dass die Vollmacht eine Betreuung ersetzen soll
- Regelung zum Inkrafttreten (besser sofortige Gültigkeit, ergänzt durch Binnenvertrag)
- Zeitliche Wirksamkeit (am besten über den Tod hinaus bis zur Erteilung eines Erbscheins)

Patientenverfügung

Mit der Patientenverfügung weist der Patient den Arzt an, bestimmte medizinische Maßnahmen nach seinen persönlichen Vorstellungen vorzunehmen oder zu unterlassen. Das medizinische Personal benötigt bekanntlich für jede Behandlung die

Zustimmung des Patienten. Weil das Recht der Patientenverfügung sehr kompliziert ist, sollten Sie sich vom Hausarzt, einem Rechtsanwalt oder Notar beraten lassen. Klar ist: Wenn jemand nicht mehr in der Lage ist, sich selbst zu äußern, muss der Arzt sich am mutmaßlichen Patientenwillen orientieren (siehe Checkliste unten). Handelt ein Arzt gegen den Willen des Betroffenen, begeht er nach geltendem Recht eine Körperverletzung. Andererseits kann er sich auch wegen unterlassener Hilfeleistung strafbar machen, wenn er eine Maßnahme unterlässt.

Checkliste: Patientenverfügung
- Name, Geburtsdatum, aktuelle Adresse des Verfügenden
- Datum, Ort und Unterschrift des Verfügenden
- Bestätigung, dass die Verfügung aus freiem Willen verfasst wurde und der Verfügende sich dabei der Bedeutung der niedergeschriebenen Entscheidungen bewusst war
- Bestätigung, dass vor Abfassen der Verfügung eine Beratung durch einen Arzt stattgefunden hat
- Angabe der Situationen, für die die Verfügung gelten soll (z. B. im Sterbeprozess, im Endstadium einer tödlich verlaufenden und unheilbaren Krankheit, Wachkoma)
- Angaben der Maßnahmen, die durchgeführt oder gerade nicht durchgeführt werden sollen (z. B. Wiederbelebung, künstliche Beatmung, künstliche Ernährung und Flüssigkeitszufuhr, lebensverlängernde oder -gefährdende Maßnahmen oder auch andere medizinische Maßnahmen wie Organtransplantation, Amputation, Verwendung noch nicht zugelassener Medikamente, Maßnahmen zur Linderung von Angst, Schmerzen, Atemnot, Übelkeit, Hunger- und Durstgefühl)
- Regelmäßige Aktualisierung mit Datum und Unterschrift

Die Schwierigkeit: Der Betroffene legt Wünsche fest für Situationen, die er aus eigener Erfahrung kaum oder nicht kennt. Wer hat schon eine Vorstellung davon, inwieweit ein Sterbender unter Hunger und Durst leidet oder wie jemand mit einer fortgeschrittenen Altersdemenz seine eigene Situation wahrnimmt? Umstände, die uns in gesunden Tagen als unerträglich scheinen, können in der konkreten Situation der Betroffenen ganz anders wahrgenommen werden. Eine Gewähr, dass Patientenverfügungen in jedem Fall vom behandelnden Arzt anerkannt werden, gibt es nicht. So ist zum Beispiel nicht immer der Wille des Patienten eindeutig und konkret genug auf die jeweilige Situation bezogen formuliert. Dies kann zum Beispiel schnell bei Musterverfügungen passieren. Oder die Verfügung ist schon älteren Datums. Deshalb sollte sie regelmäßig aktualisiert werden. Haben Sie zugleich die Vorsorgevollmacht, können Sie bestimmen, was gemacht bzw. unterlassen wird.

Eine gesetzliche Regelung wurde immer wieder verschoben. Es ist zulässig, lebensverlängernde Medikamente abzusetzen oder die Sonderernährung zu beenden, wenn dies dem erklärten oder mutmaßlichen Willen des Patienten entspricht und wenn ein bewusstes Leben nicht mehr möglich ist, entschied das Oberlandesgericht Frankfurt/Main (Az.: 20 W 224/98). Bei Wachkoma-Patienten ist die Einstellung der künstlichen Ernährung zulässig, wenn dies der mutmaßliche Wille des Betroffenen verlangt. Künstliche Ernährung eines Menschen gegen dessen Willen ist Körperverletzung, urteilte der Bundesgerichtshof (Az.: I StR 357/94). In einem weiteren Urteil entschied der BGH: Ein gerichtlich bestellter Betreuer darf die Patientenverfügung zum Abbruch lebenserhaltender Maßnahmen erst dann umsetzen, wenn das Vormundschaftsgericht zugestimmt hat (Az.: XII ZB 2/03).

Betreuungsverfügung

Wenn Sie keine Vorsorgevollmacht besitzen, weil Ihre Eltern dies ablehnen, können alternativ ausgewählte Anweisungen durch eine Betreuungsverfügung erteilt werden.

Sie wird erst dann wirksam, wenn es tatsächlich erforderlich ist. Kann der Betroffene aufgrund einer Krankheit oder Behinderung seine Angelegenheiten nicht mehr selbst regeln, bekommt er einen Betreuer zur Seite gestellt (nach § 1896 BGB). Der Betreuer ist der gesetzliche Vertreter des Betroffenen, der aber nach geltendem Recht nicht mehr als entmündigt gilt. Die Betreuung kann von Angehörigen, aber auch vom Pflegedienst, Krankenhaus-Sozialdienst oder Gesundheitsamt angeregt werden. Das Amtsgericht entscheidet aufgrund eines ärztlichen Gutachtens und eines Sozialberichtes, ob und für welche Lebensbereiche eine Betreuung notwendig ist. Im Verfahren wird der Betroffene persönlich durch den Amtsrichter angehört und kann selbst Wünsche äußern, wer zu seinem Betreuer bestellt werden soll. Das Amtgericht beauftragt schließlich den Betreuer. Das Verfahren ist vermeidbar, wenn der Betroffene in einer Vorsorgevollmacht selbst einen Bevollmächtigten ernannt hat.

Damit ist klar: Pflegebedürftige sind nicht automatisch auch betreuungsbedürftig. Besonders häufig betroffen sind Menschen mit einer fortgeschrittenen Demenz. Als Betreuer eignen sich nahe Angehörige, Menschen aus der Nachbarschaft, Freunde, Mitarbeiter eines Betreuungsvereins oder Berufsbetreuer – meist Rechtsanwälte.

Der Betreuer ist verpflichtet, sich – sofern möglich – mit dem Betroffenen abzusprechen und dessen Wünsche zu beachten. Die Aufgaben werden vom Vormundschaftsgericht festgelegt und stehen im Betreuerausweis. Mögliche Bereiche für die Betreuung:

- Verwaltung des Vermögens
- Wohnungsangelegenheiten (Aufenthaltsbestimmung)
- Gesundheitsfürsorge
- besondere Maßnahmen, z. B. Fixierung
- Post- und Behördenangelegenheiten

Zu einzelnen Umständen wie freiheitentziehende und beschränkende Maßnahmen, schwerwiegende medizinische Eingriffe oder Abbruch lebensverlängernder Maßnahmen benötigt der Betreuer die ausdrückliche Genehmigung des Vormundschaftsgerichts. Dort muss der Betreuer auch Rechenschaft über seine Arbeit ablegen – durch einen jährlichen Sachbericht und durch Rechnungslegung (Einnahmen und Ausgaben). Von dieser Pflicht sind Angehörige ersten Grades befreit. Was viele nicht wissen: Betreuer haben Anspruch auf eine Entschädigung. Bei ehrenamtlichen Betreuern sind dies zumindest 312 Euro Aufwandspauschale pro Jahr. Bei Berufsbetreuern gelten Stundensätze zwischen 18 und 31 Euro. Die Kosten trägt der Betreute selbst. Ausnahme: Ist er mittellos, zahlt der Staat aus dem Topf der Justizministerien der Länder.

In der Regel ist es besser, wenn Sie als Tochter oder Sohn für den Fall des Falles eine Vorsorgevollmacht besitzen. Auf diese Weise verhindern Sie, dass ein Fremder die Angelegenheiten Ihrer Eltern oder eines Elternteil regelt.

Hospiz- und Palliativpflege

Im Mittelpunkt der Betreuung und Pflege steht das Abschiednehmen. Liebevolle Zuwendung und Verständnis sind ebenso wichtig wie Pflegemaßnahmen. Eine wesentliche Voraussetzung für würdevolles Sterben ist es, möglichst weitgehend schmerzfrei zu bleiben. Hauptanliegen der Hospize ist, bis zuletzt eine bestmögliche Lebensqualität zu gewährleisten. Es gibt eine Vielzahl von entsprechenden Einrichtungen, die von Kirchen, Wohlfahrtsverbänden und Stiftungen getragen werden. Unterm Strich sind es immer noch viel zu wenige, was regional lange Wartelisten zur Folge haben kann. Aufnahme in solche „Sterbehäuser", die maximal 16 todkranke Menschen beherbergen, findet zumeist nur, wer wahrscheinlich weniger als sechs Monate zu leben hat. Kosten übernehmen die gesetzliche bzw. private Pflegeversicherung, die Krankenkasse und der Träger selbst – durch Spenden. Den Rest von häufig 30 bis 50 Euro pro Tag steuern die Betroffenen bei. Häufig dauert der Aufenthalt allerdings ohnehin nur 31 Tage im Durchschnitt.

Alternativ gibt es auch ambulante Hospizdienste. Hier werden Schwerstkranke, Sterbende und deren Angehörige durch ehrenamtliche ausgebildete Helfer zu Hause unterstützt. Sie bieten Gespräche, beraten bei organisatorischen und behördlichen Fragen und übernehmen Sitzwachen. Häufig werden dann auch die Hinterbliebenen betreut. Zumeist gehen ambulante Hospizdienste inzwischen dazu über, auf Anforderung in Pflegeheimen und Kliniken mitzuhelfen, Sterbende zu betreuen.

Die ambulante Versorgung Sterbender durch Sterbebegleiter der Hospizdienste wird zunehmend durch ambulante Palliativdienste ergänzt. Dort arbeiten Pflegefachkräfte, die eine Zusatzausbildung in der Schmerztherapie besitzen. Sie beraten Angehörige bei der Linderung der Symptome und praktizieren psychosoziale Begleitung. Es gibt auch Palliativstationen, die als gesonderte Abteilungen zu Krankenhäusern zählen. Das Ziel der Bchandlung ist es auch dort, Schmerzen zu lindern. Und die Patienten, wenn möglich, zum Sterben wieder in die häusliche Umgebung zu entlassen.

Weiterführende Literatur

Fussek, Klaus; Schober, Gottlob. Im Netz der Pflege-Mafia, München 2008

Fussek, Klaus; Loerzer, Sven: Alt und abgeschoben, Freiburg 2007

Gebert, Bärbel: Hilfen im Alltag. Verbraucherzenzentrale NRW, Düsseldorf 2006

Kulle, Stefan: Riss im Glück, Köln 2003

Opaschowski, Horst; Reinhardt, Ulrich: Altersträume, Darmstadt 2007

Pohl, Detlef; Gerling, Dieter: Ein Lebensende in Würde. Ratgeber für Sterbebegleitung und Trauerfall. Verbraucherzenzentrale NRW, Düsseldorf 2005

Prosinger, Wolfgang: Tanner geht, Frankfurt/Main 2008

Saup, Winfried; Eberhard, Angela: Demenzkranke Menschen im betreuten Seniorenwohnen. Verlag für Gerontologie A. Möckl, 2006

Scheele, Norbert: Pflegefall – was tun? Verbraucherzenzentrale NRW, Düsseldorf 2005

Schirrmacher, Frank: Das Methusalem-Komplott, München 2004

Schirrmacher, Frank: Minimum, München 2006

Stradinger, Manfred: Pflegeversicherung (Taschen-Guide), Planegg, 2008

Adressen

Hilfe im Pflegefall:
Bundesverband privater Anbieter sozialer Dienste e.V.
(Zusammenschluss privater ambulanter und stationärer
Pflegeeinrichtungen)
Bundesgeschäftsstelle:
Friedrichstraße 148, 10117 Berlin
Telefon: 030 30878860
Telefax: 030 30878889
E-Mail: bund@bpa.de
Internet: www. bpa.de

Seniorplace GmbH
(Beratung zu Wohnformen, Pflegeangeboten, Kosten usw.)
Brunnenstr. 181, 10119 Berlin
Telefon: 030/85621460
Telefax: 030/85621489
E-Mail: info@seniorplace.de
Internet: www.seniorplace.de

Organisationen und private Vereine, die Hilfe anbieten:
Deutsche Arbeitsgemeinschaft Selbsthilfegruppen e.V.
Susanne Grebe-Deppe
Lehmkuhle 4
37191 Gillersheim
E-Mail: dagshg@gmx.de
Internet: www.dag-shg.de

Volkssolidarität Bundesverband Miteinander Füreinander
(Sozialer Wohlfahrtsverband mit vielen Angeboten)
Bundesgeschäftsstelle
Alte Schönhauser Straße 16, 10119 Berlin
Telefon: 030 278970
Telefax: 030 27593959
E-Mail: bundesverband@volkssolidaritaet.de
Internet: www.volkssolidaritaet.de

Bundesarbeitsgemeinschaft der Seniorenorganisationen e.V.
(Interessenvertretung der älteren Generation) (BAGSO)
Bonngasse 10, 53111 Bonn
E-Mail: kontakt@bagso.de
Internet: www.bagso.de

Bundesinteressenvereinigung der Nutzerinnen und Nutzer
von Wohn- und Betreuungsangeboten im Alter
und bei Behinderung e.V.
Vorgebirgsstr. 1, 53913 Swisttal
E-Mail: info@biva.de
Internet: www.biva.de

Sozialverband VdK Deutschland (Interessenvertretung von
Menschen mit Behinderung, chronisch Kranken und Senioren)
Sozialverband VdK Deutschland e.V.
Wurzerstraße 4 a, 53175 Bonn
Telefon: 0228 820930
Telefax: 0228 8209343
E-Mail: kontakt@vdk.de
Internet: www.vdk.de

Sozialverband Deutschland e.V.
Stralauer Str. 63, 10179 Berlin
Telefon: 030 7262220
Telefax: 030 726222311
E-Mail: contact@sozialverband.de
Internet: www.reichsbund.de

Deutsche Alzheimer Gesellschaft
Friedrichstr.236, 10969 Berlin
Telefon: 030 25937950
Telefax: 030 259379529
Internet: www.deutsche-alzheimer.de

Deutscher Hospiz- und Palliativ-Verband e.V.
Aachener Straße 5, 10713 Berlin
Telefon: 030 83223950
E-Mail: dhpv@hospiz.net
Internet: www.hospiz.net

Deutsche Parkinson Vereinigung e.V.
Bundesverband
Moselstraße 31, 41464 Neuss
Telefon: 02131 740270
Telefax: 02131 745445
E-Mail: info@parkinson-vereinigung.de
Internet: www.parkinson-vereinigung.de

Deutscher Patienten-Schutzbund e.V.
(ehemals Bundesarbeitsgemeinschaft der Notgemeinschaften
Medizingeschädigter in Deutschland e.V.)
Schlossstraße 37, 41541 Dormagen
Telefon: 02133 246753
Telefax: 02133 244955
E-Mail: info@dpsb.de
Internet: www.bag-notgemeinschaften.de

Stiftung Deutsche Schlaganfall-Hilfe
Carl-Miele-Str. 210, 33311 Gütersloh
E-Mail: info@schlaganfall-hilfe.de
Internet: www.schlaganfall-hilfe.de

Krebsforum (Hilfe von Betroffenen für Betroffene)
www.meinkrebs.de

Haushaltshilfen aus Osteuropa (Anbieter):
ZAV – Zentrale Auslands- und Fachvermittlung
Telefon: 0228 7131414
E-Mail: Bonn-ZAV.Haushaltshilfen@arbeitsagentur.de
Internet: www.arbeitsagentur.de
          www.promedica24.de (Fachpflegepersonal für Europa)

Die Familienagentur
Paul-Ehrlich-Straße 4, 60596 Frankfurt am Main
Telefon: 069 63198171
E-Mail: info@diefamilienagentur,com
Internet: www.diefamilienagentur.com

Agentur ihrepflege.eu
Tatjana Baydina
Dresdener Straße 13, 01945 Ruhland
Telefon: 035752 16904
Telefax: 035752 16905
E-Mail: info@ihrepflege.eu
Internet: www.ihrepflege.eu (polnisches Personal)

Wohnungsanpassung:
KWA Kuratorium Wohnen im Alter
Hauptverwaltung
Biberger Straße 50, 82008 Unterhaching
Telefon: 089 66558-500
Telefax: 089 66558-538
E-Mail: kwainfo@kwa.de
Internet: kwa.de

Bundesarbeitsgemeinschaft Wohnungsanpassung e.V.
(Verein zur Förderung des selbstständigen Wohnens älterer
und behinderter Menschen)
c/o Koordinierungsstelle rund ums Alter
Mühlenstr. 48, 13187 Berlin
Telefon: 030 47531719
Telefax: 030 47531892
E-Mail: info@wohnungsanpassung.de
Internet: www.wohnungsanpassung.de

Forum Gemeinschaftliches Wohnen e.V. Bundesvereinigung
Haus der Region, Hildesheimer Str. 20. 30169 Hannover
Telefon: 0511 4753253
Telefax: 0511 4753530
E-Mail: info@fgw-ev.de
Internet: www.fgwa.de

Beratung zu Heimen und Heimverträgen:
Verbraucherzentrale Bundesverband e.V.
Markgrafenstraße 66, 10969 Berlin
Telefon: 030 258000
Telefax: 030 25800218
E-Mail: info@vzbv.de
Internet: www.vzbv.de

Bundesinteressenvereinigung der Nutzerinnen und Nutzer
von Wohn- und Betreuungsangeboten im Alter
und bei Behinderung e.V.
Vorgebirgsstr. 1, 53913 Swisttal
E-Mail: info@biva.de
Internet: www.biva.de

AOK-Pflegenavigator: www.aok-pflegenavigator.de
(umfangreiche Datenbank)

Jörg-Rüdiger Sieck

Wohnen im Alter

Zeitgemäße Alternativen für einen neuen Lebensabschnitt

160 Seiten
14,5 x 21,5 cm, Broschur
ISBN 978-3-89994-166-1
€ 12,90

Eigene Wohnung, Seniorendomizil, Wohngemeinschaft oder doch betreutes Wohnen? Heute gibt es viele altersgerechte Wohnformen für die zweite Lebenshälfte. Dieses Buch beschreibt attraktive Modelle, zeigt Vor- und Nachteile und gibt Antworten auf alle wichtigen Fragen. Mit Fragebogen: Was passt zu mir?

- Alle aktuellen Wohnformen auf einen Blick
- Alle wichtigen Ansprechpartner und viele Tipps
- In angenehmer Schriftgröße

Der Autor
Der Journalist Jörg-Rüdiger Sieck hat zahlreiche Artikel über das Thema „Wohnen im Alter" veröffentlicht. In seinem Buch steckt viel eigene Erfahrung: Mit 57 Jahren suchte er selber nach einem neuen Wohnmodell und hat sich intensiv mit allen aktuellen Wohnvarianten beschäftigt.

Stand Januar 2009. Änderungen vorbehalten.

humboldt

... bringt es auf den Punkt.

Sascha Ziegler

Ahnenforschung

**Schritt für Schritt
zur eigenen
Familiengeschichte**

180 Seiten
14,5 x 21,5 cm, Broschur
ISBN 978-3-89994-200-2
€ 12,90

Ahnenforschung ist spannend und interessant: Woher kam meine Familie? Welche Berufe haben meine Urgroßeltern ausgeübt? Habe ich noch Verwandte, die ich nicht kenne? Dieser praktische Ratgeber zeigt, wie man systematisch Ahnenforschung betreibt und gibt viele Tipps für die erfolgreiche Suche.

- Praktischer Ratgeber für Hobby-Forscher
- Der neue Trend: Ahnenforschung
- Der Herausgeber ist Gründer von www.ahnenforschung.net

Der Herausgeber
Sascha Ziegler betreibt seit 1991 privat Genealogie. 1998 gründete er das erfolgreiche Onlineportal www.ahnenforschung.net, das bereits mehrfach durch die Fachpresse ausgezeichnet wurde.